LA
CLEF
DES
CHOSES CACHÉES

—

La Sagesse des Druides

Le Svastika

L'héritage des Albigeois

Merlin l'Enchanteur

La Légende du Graal

Le Mystère des Tarots

L'arche D'alliance des Juifs

La Mission des Bohémiens

Le Secret du Bouddha et Celui de Jésus

DISCOVERY PUBLISHER

Auteur : Maurice Magre
Responsable d'édition : Adriano Lucca

DISCOVERY PUBLISHER

616 Corporate Way
Valley Cottage, New York, 10989
www.discoverypublisher.com
livres@discoverypublisher.com
facebook.com/DiscoveryPublisher
twitter.com/DiscoveryPB

New York • Tokyo • Paris • Hong Kong

TABLE DES MATIÈRES

LA
CLEF
DES
CHOSES CACHÉES

—

La Sagesse des Druides
Le Svastika
L'héritage des Albigeois
Merlin l'Enchanteur
La Légende du Graal
Le Mystère des Tarots
L'arche D'alliance des Juifs
La Mission des Bohémiens
Le Secret du Bouddha et Celui de Jésus

Préface

J'ai admiré ce poète anonyme auteur d'un roman de chevalerie sur le Saint Graal et j'ai rêvé d'être pardi à lui. C'était, dit-il, la nuit du Vendredi Saint, sept cent dix-sept ans après la passion de Jésus-Christ et il était assis seul dans sa chambre, au fond d'une des bourgades les plus perdues de la Bretagne aux belles pierres.

Il s'entendit soudain appeler par son nom et il vit devant lui un jeune homme pâle aux yeux brillants, et d'une beauté surprenante. Il tomba à terre pâmé d'émotion. Dans ces temps lointains, la sensibilité humaine était sans doute plus vive qu'aujourd'hui. Alors le jeune homme s'approcha et lui remit un livre « précieux entre tous » sur la première page duquel le poète lut : « Ici commence l'histoire du Saint Graal ».

J'ai rêvé toujours d'un jeune homme pâle et très beau et qui tient un livre. C'est dans mon esprit, à l'état confus, un poète épris de la beauté des choses mystérieuses et qui a une foi plus grande que la mienne. Car la foi est un élément essentiel pour découvrir ce qui est digne d'être aimé. Le poète anonyme qui tomba pâmé dans la nuit du Vendredi Saint, au VIIIe siècle, avait commencé par douter. Il avait douté, nous dit-il, de la réalité du dogme de la Trinité divine. Il faut peut être commencer par douter pour avoir la visite du jeune homme.

Moi aussi, j'ai douté. J'ai douté de l'existence réelle de ce Graal mystérieux, de cette coupe d'émeraude pleine d'un sang mystique à propos de laquelle le poète anonyme devait broder tant d'aventures extraordinaires » et souvent ennuyeuses. Et j'ai douté non seulement de son existence réelle mais aussi du symbole qu'il recelait.

Car le Graal, la coupe où, selon la légende, fut recueilli le sang de Jésus n'est que le symbole d'une connaissance supérieure. Cette connaissance a-t-elle circulé depuis le commencement du monde, des sages se la sont-ils transmise et s'est-elle appelée le Graal quand elle a été la vérité propre du sage Jésus ? J'en ai douté d'abord et, le soir du Vendredi Saint nul jeune homme n'est venu me remettre un livre occulte.

Mais tomber pâmé, devant une vision, un soir de solitude, n'est pas à coup sûr la meilleure méthode de connaître. Ce n'est que le signe d'une sensibilité charmante mais excessive. J'ai suivi pas à pas, par un étroit sentier dans la forêt des livres, la trace d'hommes qui ne voulaient pas faire parler d'eux, qui ne bâtissaient pas de monuments, portaient des vêtements quelconques, ne recherchaient pas le pouvoir. Ces hommes qui, à quelques siècles de distance, devaient avoir la même apparence extérieure, se sont transmis ce qu'il y a de meilleur dans l'humanité.

Ceux qui ne tiennent compte que des documents historiques, de la réalité de leurs signatures et de l'étroitesse myope de leur vision, ont secoué la tête, quand il a été question, non de l'existence, mais de la filiation réelle de ces êtres, Pourtant leur trace existe. Elle est plutôt une luminosité flottante dans des ombres qu'une certitude tangible. Il faut, pour la reconnaître, développer la faculté de percevoir les lueurs légères, les indications à peine tracées.

Et après une longue recherche à la poursuite de ces flambeaux perdus dans le passé et de ceux qui les avaient portés, je me suis aperçu qu'il n'y avait plus de place en moi pour le doute et que le jeune homme était venu me visiter à mon insu.

J'ai été instruit sur le Graal, sur sa légende et sur sa vérité intérieure. J'ai su que les Druides l'avaient connu bien avant que Joseph d'Arimathie ne se mît en marche vers l'occident, que les sept Rishis Indous l'avaient connu avant les Druides et qu'il y avait eu, sur toute la terre, de petites communautés pour le vénérer. J'ai suivi avec amour ces communautés. J'ai presque touché le lin dont sont tissées les robes des hommes purs. J'ai vu allumer le feu sacré au milieu de la forêt. J'ai entendu les corbeaux s'envoler quand ont été prononcées les paroles de bonne augure. J'ai navigué vers Avalon, l'île des cyprès, avec Merlin. J'ai gravi avec Parcival le chaste, les pentes de Montségur, dans l'Ariège.

A force de vivre avec la pensée de ces hommes supérieurs, volontairement inconnus et enfermés dans leur mission comme dans une tour de diamant, à force de frôler leur présence, d'entrevoir la blancheur de leur silhouette, j'ai fini par avoir la nostalgie de ces amis surhumains. Je me suis laissé aller à attendre une visite miraculeuse, j'ai espéré ce que la vie ne donne pas, la venue de l'homme supérieur dont la parole réalise le rêve de votre intelligence. Mais j'ai connu que l'attente elle-même est bienfaitrice et qu'à écouter dans le silence du soir certain coup de sonnette qui ne résonne jamais, on gagne une connaissance inattendue de soi-même.

Le sang du Christ a été versé dans une coupe sacrée bien avant la naissance de Jésus. Il a circulé et il circulera éternellement grâce au désintéressement de quelques hommes qui ont reçu la mission de le porter d'âge en âge.

Je me sens favorisé par une sorte de grâce pour avoir cheminé derrière les ombres silencieuses de ces hommes, tenté de donner un nom à ceux qui n'ont pas voulu en porter, une forme à ceux qui n'attachaient pas d'importance à l'apparence physique. Mais je songe qu'il sera plus favorisé encore celui qui, par une effusion naturelle de l'âme, sans secours d'aucun livre, sans s'asseoir à aucune table ronde entre les quarante neuf chevaliers de l'esprit, fera apparaître dans son cœur la lumière secrète du Graal.

LA SAGESSE DES DRUIDES

Le Poncif des Druides

Il y a une grande tristesse à constater comment, parfois, dans l'histoire, les plus hautes manifestations sont anéanties par la force brutale, l'incompréhension cynique. Et cet anéantissement serait encore peu de chose. Car l'esprit demeure là où son signe matériel a disparu. Ce qui révolte, c'est de constater la trace d'une force occulte et hypocrite qui avec patience, avec une sorte de sagesse ténébreuse, travaille à anéantir la vérité, quand elle s'est présentée à l'état pur, à la travestir, à en faire une caricature d'elle-même.

Les moyens de cette force sont divers : une calomnie qui vole de bouche en bouche et se transmet à travers les âges à cause de son pittoresque, la sottise bornée d'un historien qui devient populaire à cause de cette sottise, un récit qui devient légendaire, une image qui frappe par sa couleur. Plus l'esprit monte haut, plus la force travaille autour de lui. Quelquefois son action est directe. Alors Socrate boit la ciguë, Manès est écorché. Les Albigeois sont exterminés. D'autres fois elle agit indirectement en brûlant les livres comme à Alexandrie, ou en déformant les traditions orales, quand il n'y a pas de livres.

Sans doute les Druides de la Gaule devaient ils représenter un des plus hauts points de spiritualité que les hommes soient susceptibles d'atteindre car la force mauvaise réunit contre eux tous ses moyens, la violence d'abord, puis cette manière de déconsidération insaisissable qui tue les idées comme les hommes.

Elle a pleinement réussi. Quelle est la trace qui demeure des anciens sages de notre pays ? Le conquérant Jules César, Jules César le rusé, l'athée et l'impitoyable, qui porta l'ordre romain et l'organisation de pillage à laquelle il donnait le nom d'impôt à travers les tribus Eduennes et Allobroges, est parvenu à arracher à nos aïeux Gaulois jusqu'à la connaissance d'eux-mêmes et du point d'élévation où ils étaient montés. Après deux mille ans les enfants de Gaule romanisés apprennent à l'école ce qu'étaient les Dieux de Rome, mais ils ignorent ce que fut le Dieu des Druides.

Ou plutôt ils en ont une image travestie. Et c'est là que l'on voit le génie pervers qui a agi pour effacer de nos âmes le culte de l'antique Gaule et l'enseignement que nous pourrions en tirer. Car le véritable patrimoine spirituel se cache dans les profondeurs de la race et la sagesse quotidienne de chacun doit être puisée dans la sagesse des origines.

Tout jeune Français, qu'il ait été instruit à l'école primaire, au lycée ou dans une institution religieuse, connaît ses ancêtres par une représentation puérile que l'ennui des manuels d'histoire a revêtue d'un indélébile poncif.

On y voit, sur une sorte d'échelle, un personnage grave avec une robe blanche et une longue barbe qui se tient de face. C'est le Druide. La barbe est mobile et tient au visage par des crochets qui prennent les oreilles. Car on se souvient des distributions de prix où des adolescents, porteurs de ces barbes mal accrochées, récitaient des vers d'une écœurante platitude. Le Druide tient une faucille à la main et va détacher un gui de papier, d'un chêne de carton. Des jeunes filles, les sœurs des camarades du collège, se tiennent autour et sourient avec innocence. Derrière, comme fond, sont des jeunes gens avec de longues moustaches, des casques loués et des courroies sur le corps. Ce sont des Gaulois. Et sur ce tableau conventionnel, plane un peu de l'âme emphatique de Chateaubriand.

Voilà l'image niaise que chacun se fait presque à son insu, à l'évocation de la Gaule des Druides et de Velléda. Il y a là un paradoxe surprenant, surtout si l'on songe au contraste de cette image et de la terre vivante de plaines sylvestres, de vallées marécageuses, de forêts chevelues, avec des villes fortifiées qui les dominaient ; si l'on songe aux hommes indomptables qui habitaient ces villes et parcouraient ces vallées, aux hommes naïfs, violents, prompts à changer d'idées, ingénus, passant de la joie la plus exubérante à la tristesse la plus profonde ; si l'on songe qu'ils étaient guidés par une aristocratie mystique de philosophes dont Pythagore vint s'inspirer, au temps où Romulus et Rémus venaient à peine de sucer le lait de la louve.

La Gaule primitive est taxée d'ennui et pourtant aucun Mississipi avec ses îles flottantes, aucune Amazone avec ses millions de crocodiles Brésiliens, aucun Yang Tsé Kiang avec ses millions d'oiseaux chinois n'aura jamais autant de palpitante vie, ne montrera un pareil jaillissement de nature en joie que le Rhône où se baignaient entre les oliviers les Ligures bronzés, que la Garonne où les pêcheurs Cantabres maniaient l'aviron, entre des cactus géants.

Maintenant les oliviers et les cactus se sont mis à l'échelle des hommes. Les descendants des Ligures et des Cantabres ont rasé leurs faces à la manière romaine et sur leur corps s'est anémiée la puissance de leurs poils. Mais ce qui demeure inexplicable c'est le mépris et l'ignorance dans lesquels ils tiennent l'esprit millénaire de leur race, au profit d'une admiration gréco-romaine.

Certes l'hypocrisie de culture que chacun porte en soi fera dire au Français lettré qu'il connaît et même qu'il admire la Gaule et ses Druides. Il parlera aussitôt des dolmens et des menhirs qui sont antérieurs de plusieurs milliers d'années à l'apparition des Druides en Gaule. Mais s'il veut être sincère avec lui-même, il avouera qu'il y a, comme toile de fond à cette connaissance, une fresque de distribution de prix, il répétera avec tous les historiens que la conquête romaine fut une nécessité de la civilisation en marche, il s'inclinera avec Michelet devant le génie de Jules César.

Les lieux communs sont tout puissants et ils transportent le mensonge et l'injustice d'âge en âge, avec une facile aisance, surtout quand il s'agit de ce qu'il est convenu d'appeler le flambeau civilisateur. Devant ce flambeau chacun se prosterne. C'est sous sa lumière sacro sainte que le faible est écrasé par le fort et que la pensée de l'intelligent a son sens faussé. Il se transmet fidèlement car il y a une mystique du lieu commun. Ses porteurs sont toujours les maîtres de l'ordre établi, les défenseurs d'une loi sans âme, les possesseurs d'une menteuse vérité historique.

Mais il convient qu'avec la même fidélité se transmette un impérissable cri de révolte.

La Férocité Romaine

La décomposition de la société romaine à l'époque de l'écrasement de la Gaule était peut-être plus grande encore que celle que nous voyons dans les sociétés actuelles de Paris, de Berlin ou de New-York.

Les hommes importants n'avaient aucune espèce de foi en rien, hors en la satisfaction de leurs appétits. Ils étaient profondément athées. Les politiciens obtenaient selon leur influence, des charges religieuses, exactement comme si de nos jours, M. Herriot se faisait nommer évêque de Paris, ou si M. Mandel était sacré grand rabbin. Ainsi Marc Antoine, le grossier et le jouisseur, revenant de la guerre des Gaules, obtint la charge d'Augure, c'est-à-dire de déchiffreur et de scrutateur des choses célestes, pour laquelle il eût fallu un ascétique clairvoyant. Jules César, au commencement de sa carrière, bien qu'ayant déjà une réputation bien établie, d'incroyant et de débauché obtint la place de grand pontife, en achetant les électeurs au dire de Suétone.

Les mêmes grands romains d'alors avaient une inconcevable facilité à se passer entre eux leurs femmes, épouses, sœurs ou filles, pour des questions d'intérêt. On dirait que leurs liaisons étaient restreintes au petit cercle de leurs parents ou des gens connus. Ainsi Caton qui devait être à travers les siècles la personnification austère de la vertu, désireux de plaire à un certain Hortensius, vieillard de ses amis, qui avait envie de sa femme Marcia, se hâta de la répudier, bien qu'elle fût enceinte de lui, la donna à Hortensius et l'épousa de nouveau à la mort d'Hortensius, après ce prêt qui avait duré six ans.

Entre César, Pompée, Cicéron et Marc Antoine c'est un perpétuel chassé-croisé de femmes, une suite de marchandages de noces. Quelquefois la raison en est la qualité du plaisir révélée par des confidences faites entre hommes. Mais en général c'est l'intérêt. Les incestes ne sont pas particulièrement recommandés. Ils sont pratiqués couramment.

A la rigueur, une telle manière de traiter les femmes pourrait ne pas être inconciliable avec l'élévation de l'âme. Mais elle indique que ces hommes qui étaient cultivés, qui aimaient les arts et la poésie et dont certains eurent le génie de l'action, n'avaient pas une haute conception de l'amour et de la fidélité à une compagne. Il n'y avait non plus chez eux aucun reflet de l'amitié platonicienne des philosophes grecs. Les meilleurs amis dépêchent des assassins les uns contre les autres, dès que leurs intérêts sont contraires.

Le goût de Rome pour les choses monstrueuses était un signe de sa dégénérescence. Il y avait un marché public d'avortons où allaient s'alimenter les amateurs de nains et ils étaient nombreux. Les grandes familles aristocratiques possédaient des nains, des géants, des crétins, des hermaphrodites, des goitreux. On les faisait venir après les repas pour les divertissements de l'ivrognerie. On s'esclaffait à les voir, on les tournait en dérision, on les frappait. Certains phénomènes étaient conservés après leur mort. Pline raconte qu'il a vu des cadavres de nains dans des vases. Dans les jardins de Salluste un caveau contenait les ossements de deux géants célèbres, Posion et Sécundilla. Une mule ayant mis bas un poulain, au moment de la confusion qui précéda la bataille de Pharsale, ce prodige occupa tous les esprits.

Un autre signe d'abaissement était le développement de la gastronomie. Jamais à aucune époque et dans aucun temps, elle ne joua un pareil rôle. L'habitude de prendre des vomitifs pour dépasser les normales possibilités d'absorption humaine est bien connue. Elle est attestée par tous les historiens. Beaucoup de personnages riches se consacraient exclusivement à la nourriture. Un certain nombre de ces merveilleuses routes, dont on voit encore les traces, ne furent construites que pour permettre à certains aliments d'arriver plus vite aux gastronomes romains. Les festins étaient les actes principaux de la vie. Ils n'excluaient pas la native grossièreté des mœurs, puisque d'après Juvénal, il y avait deux sortes de mets, des mets précieux pour les gens importants et des plats plus vulgaires pour les invités ordinaires, servis pourtant à la même table ! La société romaine avait un amour des poissons qui dépassait toute mesure. Un certain Gabius Apicius qui s'était installé à Minturnes à cause de la qualité des langoustes fit le voyage des côtes d'Afrique pour en trouver de plus belles. On lui en présenta, au moment où il allait débarquer et dégoûté, il remit à la voile sans toucher terre, parce qu'elles étaient trop petites !

Cela faisait des hommes aux gros ventres avec des visages rendus livides par la répétition des vomissements et des crânes précocement dénudés. Un sénateur maigre, comme Cassius qui ne portait pas l'uniforme de l'embonpoint, était tellement exceptionnel que Jules César s'en méfiait, voyant en lui un homme qui devait trop penser.

Les civilisateurs du monde avaient le goût inné des assassinats politiques. A part la gastronomie pour les riches, la politique était la principale occupation des romains. Il n'y avait pas d'élection sans un grand nombre d'assassinats. Les rues n'offraient aucune sécurité. Les maisons non plus. Cicéron ayant été obligé de fuir la somptueuse demeure qu'il occupait sur le Palatin, une bande commandée par Antoine vint détruire de fond en comble cette somptueuse demeure et put, sans être inquiétée, construire un temple à sa place ! Cicéron quand il rentra à Rome, fut obligé de détruire le temple et de rebâtir sa maison.

Une auréole de classicisme a paré faussement les personnages de cette époque. Les professeurs de latin et d'histoire, au long des siècles, leur ont mis un masque de noblesse qui cache leur face grimaçante d'hommes avides.

Cicéron dont les apostrophes oratoires à l'insensé Catilina devaient être répétées par des millions de collégiens, avait une âme vile. Il réalisa le tour de force d'être à la fois jauni par l'envie et gonflé par une vanité comique.

Caton était un faux sage, une caricature de stoïcien. Au moment de se donner la mort, il s'entretient de philosophie stoïcienne et feint de lire avec gravité le dialogue sur l'immortalité de l'âme de Platon. Mais il donne un coup de poing sur la figure d'un esclave avec une telle force qu'il se brise à moitié la main et il fait venir un médecin pour soigner cette main, dont il doit, quelques heures après, s'ouvrir le ventre.

Rien n'a égalé la férocité romaine de cette époque. C'était un usage courant de ficher dans les tribunes du forum où parlaient les orateurs, les têtes de leurs ennemis politiques qu'on venait d'assassiner et où on les laissait se momifier. Sous Sylla, raconte Florus, un certain Marcus Gratidianus, saisi par un groupe populaire, fut flagellé, puis on lui creva les yeux, on lui coupa les mains et les pieds. Ce ne fut qu'après une longue attente qu'on lui trancha la tête. Catilina emporta cette tête mais l'historien ne dit pas l'usage qu'il en fit.

Le jour du triomphe de Marius on avait traîné Jugurtha, roi de Numidie derrière lui. Des tortures savantes l'avaient au préalable rendu fou, pour que sous des robes d'apparat, il fît d'extravagantes gesticulations, susceptibles de faire rire la foule. Après quoi, on le laissa six jours avant de l'étrangler dans un cloaque situé sous le Capitole. C'est au-dessus de ce cloaque que le lettré Cicéron, le philosophe Cicéron, allait se pencher pour s'assurer à quel point de leur agonie étaient Lentulus et quatre de ses amis, qu'il avait fait condamner illégalement à mourir dans ce tombeau.

Le noble Pompée, dont tous les historiens vantent la générosité, fit crucifier le long de la route de Rome à Capoue, avec un soin géométrique, les six mille compagnons de Spartacus qu'il avait fait prisonniers, en sorte qu'un voyageur pouvait cheminer très longtemps entre des morts qui s'entrechoquaient. Quand Cicéron fut mis à mort, Antoine se fit apporter sa tête et sa main droite coupée. Aussitôt son épouse Fulvie tira la langue exsangue et la traversa joyeusement d'une épingle à cheveux.

C'était un usage normal d'exposer sans nourriture dans l'île du Tibre les esclaves vieux ou malades, pour s'en débarrasser et une distraction, un but de promenade, pour les familles nombreuses d'aller les voir mourir, devant le temple d'Esculape.

On s'étonne que les Romains n'aient pas scalpé comme les Peaux rouges. Sans doute n'y ont-ils pas pensé. C'est à ces porteurs du flambeau de l'esprit que fut livrée la terre des sages Druides. C'est eux que le mensonge millénaire de l'éducation nous a appris à admirer comme nos pères intellectuels.

César le Matérialiste

On a dit que Jules César ne conduisit en Bretagne les légions romaines que parce qu'une légende assurait que dans cette terre brumeuse il y avait des perles en abondance. Il aimait les pierres précieuses et crut en trouver de splendides dans les régions inconnues du nord. Peut-être la conquête de toute la Gaule eut-elle pour origine un désir de perles.

Jules César est de tous les hommes célèbres celui dont le génie a été le moins discuté. Michelet, ébloui par ce génie, lorsqu'il écrivit l'histoire de France, a pour ainsi dire escamoté les crimes de Jules César en Gaule et il s'écrie :

—Un tel homme n'a point de patrie. Il appartient au monde.

Jules César n'appartient qu'à Rome. Il en est la parfaite, l'éblouissante incarnation.

Je n'entreprends pas de faire un portrait de Jules César, pas plus qu'un récit de la Guerre des Gaules. Je veux seulement noter quelques détails en contradiction avec l'admiration universelle et en particulier celle de Michelet.

Jules César réalisa à un haut degré, dès sa jeunesse, le type de ce qu'on appelait en France avant la guerre, l'officier de cavalerie, sportman et séducteur. Il passait chaque jour des heures aux soins de sa toilette. Ses mœurs spéciales le firent surnommer d'abord « la reine de Bithynie » à cause de son amitié pour le roi de ce pays. Il donna la plus grande publicité à ces mœurs, ce qui ajouta grandement à son prestige. Mais il changea, après la première jeunesse, changement qui se produit encore de nos jours et il lui vint un goût des femmes immodéré, obsédant, au point que ce qu'il y a de merveilleux dans sa carrière c'est qu'il ait pu satisfaire ce goût en même temps que des ambitions de politicien et de général. Il devint si célèbre par sa puissance sexuelle que la chanson de route de ses soldats invitait plaisamment les époux gaulois à veiller sur leurs femmes à cause de la présence de leur chef. Il favorisa aussi cette réputation de puissance, sachant combien elle était susceptible d'entraîner tous les cœurs féminins après lui. Il faut dire qu'il était généreux, même magnifique. Peut-être ne recherchait-il les perles que pour en faire cadeau à des femmes. Il en donna une à Servilie, mère de Brutus, qui valait six millions.

Tous les historiens sont unanimes à le trouver beau. Suétone, parmi ses louanges, mentionne un corps gras et un teint blanc. Mais les nombreux bustes qu'on a de lui inspirent plutôt la répulsion. On l'imagine plus blafard que blanc. Cet athée évoque un prêtre qui serait en même temps clerc de notaire. Il était prodigieusement affable, cultivé et artiste. Sa séduction devait venir de sa compréhension des vices d'autrui, son pouvoir, du mépris dans lequel il tenait les hommes. Il souffrait cruellement de sa précoce calvitie. Il ramenait ses derniers cheveux et il faisait semblant de les lisser avec son doigt pour s'assurer de leur présence. Peut-être sa calvitie contribua-t-elle à sa haine des Gaulois, trop chevelus à son gré. Il devait voir avec satisfaction les marchands qui suivaient ses légions couper les longues chevelures des morts pour qu'elles servissent de fausses tresses aux dames romaines.

Sa franchise a été portée aux nues parce qu'il ne se gênait pas pour se montrer cynique. Mais la plus grande hypocrisie est celle qui affecte le cynisme. Son goût de luxe était tel qu'il ne pouvait se passer d'avoir le plancher de sa chambre en un certain bois de marqueterie et à la guerre il faisait transporter ce bois à sa suite et changer le plancher des chambres où il couchait. Cela ne l'empêcha pas de vouloir diminuer le luxe à Rome en interdisant l'usage des litières, de la pourpre et même le port des perles qui ne fut autorisé qu'à certaines personnes !

Il reproche aux Druides, sur la foi de racontars faits par les transfuges, d'accomplir des sacrifices sanglants, lui qui, outre les hécatombes des guerres, fit périr pour son plaisir et celui de la populace qu'il flattait, des milliers de gladiateurs.

Il faut noter la qualité de son ironie à ce sujet. Après avoir raconté l'extermination des habitants de la ville de Cenabum il ajouta :

—On eut à en regretter fort peu.

Il eut l'habileté de pardonner très souvent à des ennemis politiques, ne pratiquant l'assassinat que pour des avantages matériels et non pour la vengeance, au-dessus de laquelle il s'était placé. C'est ce qui fit sa réputation de magnanimité. Il ne fut peut-être pas cruel au sens ordinaire. Un homme qui a perpétuellement le plaisir sexuel à sa disposition estime qu'il n'a pas de temps à perdre à se venger. Il eut une cruauté abstraite, une faculté transcendante d'extermination qui dépasse l'imagination. Elle devait être bien grande pour qu'après le récit de ses cruautés en Gaule, il y eut des sénateurs pour proposer de le livrer, pieds et poings liés aux Gaulois. Il est vrai que cette proposition fut accueillie par des rires.

Après la prise d'Uxellodunum, dans le Lot, il fit couper le poignet droit à quelques milliers de guerriers qui venaient de se rendre à lui, s'en remettant naïvement à sa générosité. L'auteur des Commentaires ajoute :

« César, qui savait sa bonté connue de tous et qui n'avait pas à craindre qu'un acte de vigueur fût imputé à la cruauté de son caractère résolut de faire un exemple »*.

Il signa un traité de paix avec les Usipetes et les Teuctères Germains et profitant de ce qu'ils étaient désarmés il en fit aussitôt un massacre inouï.

Merveilleux génie militaire s'est-on écrié !

Ce guerrier politicien et homme du monde, garda six années dans les cloaques souterrains du Capitole le loyal Vercingétorix qui s'était rendu à lui. Il le fit étrangler le soir de la cérémonie de son triomphe, après qu'entre les flambeaux, il eut défilé, parmi des animaux et des objets volés.

Ce spécialiste de femmes fit défiler aussi dans ce triomphe la jeune Arsinoé, d'Egypte. Une girafe caracolait derrière elle. Un écriteau portait en lettres immenses : *Veni, Vidi, Vixi* , termes d'une lettre de César à son ami Amantius que ses admirateurs avaient rendu célèbre.

Imagine-t-on pareille sotte vanité pour un général de faire figurer dans un cortège une phrase heureuse de sa correspondance !

Il tomba dans une fatuité encore plus grande. L'amour d'une authentique reine, Cléopâtre, avait failli lui faire perdre la tête. Comme le plus mesquin des bourgeois de nos républiques, il falsifia sa généalogie, il prétendit descendre d'Enée et même de la déesse Vénus !

Tous ces traits n'ont pas empêché la postérité de le trouver sublime

---

* Traduction Maurice Rat (Garnier).

parce qu'il a réussi. Il a étendu sur la Gaule la force de son intelligence destructive. S'il y a des missionnaires du mal — et la mission est ignorée même de celui qui l'accomplit — César en fut un. Anéantissant ses forces vives, il tourna la Gaule vers la civilisation matérielle de Rome. Il tua l'esprit et donna en échange des routes, des monuments, des cirques. Ceux qu'il avait laissés vivre s'en contentèrent. Les Gaulois apprécièrent les commodités du chauffage central et des salles de bains romaines. Ils s'enorgueillirent d'avoir des représentants dans le sénat de Rome et leurs meilleurs cavaliers s'embrigadèrent sous les ordres de Marc Antoine. Le nom de César fut glorifié comme celui d'un des grands civilisateurs de l'humanité.

Toutefois s'il y en a qui croient qu'une horlogerie intérieure de justice cachée dans la structure des actions se déclenche avec la production du mal, ils seront heureux de penser que Jules César ne put donner à aucune reine les perles de l'Inde qu'il rêvait de conquérir et qu'il fut tué par son propre fils, le seul être qu'il aima, peut-être.

Le Svastika

Les historiens parlent de peuples hyperboréens qui auraient occupé la Gaule, avant toute invasion, aryenne, à l'origine des temps*.

Les peuples hyperboréens! Il est impossible de résister à l'évocation magique de ces mots. On voit des plages de cristal éteint où, debout dans la brume, des hommes aux yeux bleus cherchent dans l'horizon des mers voilées, les contours de l'Irlande fabuleuse. On se représente les vierges aux cheveux nattés qui se mettaient en marche annuellement à travers l'occident immense pour aller porter du froment au temple de Délos. On les imagine bâtissant ces allées couvertes et ces cryptes sépulcrales afin que leurs morts reposent en paix dans le silence des pierres souterraines.

L'histoire ne peut fixer des dates exactes à la venue des races successives.

Des Celtes, des Galates, des Ligures, des Aquitains avaient tour à tour occupé la Gaule et s'y étaient mêlés aux hommes hyperboréens. Puis, les Druides étaient venus, sans qu'on put davantage déterminer ni à quelle époque, ni de quelle région ils étaient partis.

On a retrouvé dans toute la France, sur des pierres d'une haute antiquité, le svastika, qui est par excellence le signe de la religion de l'Inde, le symbole solaire primitif. Sa place sur des cippes, sur des autels et dans des sanctuaires, indique qu'il a été l'objet d'un culte. C'est surtout dans le midi de la France et dans certaines vallées des Pyrénées comme la vallée de Larboust, que l'on a retrouvé des svastikas. La raison en est peut-être que dans ces lieux moins exposés aux invasions les tribus qui les habitaient eurent plus de loisirs pour recevoir la première semence de la pensée éternelle.

Les hommes instruits de jadis résumaient leur science dans des signes et ces signes avaient plusieurs sens selon le degré de connaissance de

* Ils étaient de race Touranienne, d'après M. Alexandre Bertrand. (*La religion des Gaulois.*)

ceux qui les interprétaient. Le svastika a signifié la puissance du temps et quand il devint un signe purement Bouddhique il symbolisa la roue des vies à laquelle l'homme est enchaîné et dont il n'arrive à se libérer que par la purification. De nos jours son sens a été complètement transformé puisqu'en Allemagne il veut dire haine des races et désir de violence. Mais dans les temps éloignés où des hommes simples et pieux gravèrent le Svastika sur les pierres des Gaules il était seulement synonyme de bon augure, de pure lumière et de salut éternel.

Les Svastikas furent apportés dans les Gaules par les Druides. Les Druides ne venaient pas enseigner une religion et le culte de certains Dieux, mais une philosophie du monde. C'est pourquoi ils n'offraient à la vénération des hommes ni un Jupiter, ni un Osiris, ni un Teutatès avec un visage et un corps humain, mais un signe qui contenait une idée et où chacun trouvait un aliment spirituel, selon son degré de compréhension.

Les Druides n'ont pas laissé de monument de leur pensée. Le principe de leur connaissance antique était que tout enseignement devait être oral. Si, du reste, ils avaient laissé quelque témoignage écrit, il est probable que le nivellement chrétien aurait anéanti ces restes détestables de paganisme.

Ils ont été méconnus à un point inimaginable. Les renseignements les plus détaillés que Ton a sur eux proviennent des commentaires de Jules César qui, non seulement ne les connaissait pas mais était de tous les hommes celui qui avait le plus d'intérêt à nier leur supériorité.

Jules César n'a connu qu'un Druide, l'Eduen Divitiac et c'est de lui qu'il tint sa vague connaissance du Druidisme. Cicéron qui parle des Druides avec mépris et qui considère les Gaulois comme un peuple sauvage dit aussi* :

—J'ai connu un Druide, l'Eduen Divitiac.

Et il raconta que ce Divitiac qui vint en Italie avec Jules César a parlé dans la curie romaine, appuyé sur son bouclier.

Or, ce Druide unique n'a donné sur l'organisation intérieure du Druidisme que les renseignements les plus généraux, ceux que savait le dernier esclave parce qu'il était sans doute un faux Druide. Il s'est

* Cicéron : *De Republica*.

paré de ce titre pour laisser croire à une puissance secrète sur les tribus Gauloises du nord et obtenir l'appui des légions romaines contre les Allobroges, avec qui les Eduens étaient en guerre. Il arriva à ses fins par ses intrigues. Son but fut même dépassé. Il devait devenir pour les historiens futurs, le Druide par excellence. Le fait pour un prêtre de voyager en costume de guerrier et de porter un bouclier pour prononcer un discours de remerciement devant le sénat romain, n'a paru choquant à personne. M. Camille Jullian, dans son Histoire des Gaules, va même jusqu'à supposer naïvement qu'il était peut-être «Le grand pontife des Gaules».

Jules César était obligé de justifier aux yeux du peuple romain les destructions de cités, les massacres d'habitants, les dévastations de pays. Il fallait, dans une certaine mesure expliquer l'état d'âme qui avait dû être le sien, près des murailles en feu d'Uxellodunum, devant les mains coupées des hommes du Lot dont les piles devaient avoir une certaine hauteur. Mystérieux état d'âme, du reste, d'un général d'armée après une victoire et qu'on a de la peine à imaginer.

Et c'est pourquoi il écrivit sur les Druides ce qu'il considérait comme une justification. C'était un peu comme si Warren Hastings, premier gouverneur de l'Inde, après les répressions de Bénarès, avait eu à rédiger un mémoire sur la philosophie du Védanta. Il aurait parlé, selon le langage des missionnaires, des idoles des païens et de la malpropreté des ascètes.

Jules César traça une image grossière, un tableau puéril, susceptible d'impressionner toutes les âmes, celles des sénateurs vertueux et celles des mères de légionnaires. D'après lui les sacrifices humains étaient une institution publique en Gaule. Le peuple dont il avait rasé les villes fortifiées et anéanti les populations était un misérable peuple asservi à un clergé monstrueux qui avait retrouvé et qui pratiquait les rites de l'antique Moloch. Le roman feuilleton n'existait pas encore mais César en avait déjà trouvé la couleur populaire qui séduit par son mystère. Les Druides étaient d'autant plus horribles qu'ils étaient invisibles. Ils formaient une société secrète un Ku Klux Clan qui se cachait dans les ténèbres des forêts.

« Certains ont des mannequins d'une taille énorme dont ils remplissent d'hommes vivants la carapace tressée d'osier. L'on y met le feu et les hommes périssent enveloppés par la flamme*. »

Il atténue bien ce tableau en disant qu'on se servait des criminels pour ces holocaustes. Mais c'est afin de s'écrier hypocritement :

« On en vient à sacrifier même des innocents ! »

Pline, Diodore, Strabon ont répété ce qu'il avait dit. Il n'y a rien d'étonnant à ce qu'un siècle après la guerre des Gaules, on ait été mal renseigné sur les mœurs et la civilisation de cette partie de l'occident. Avec tous nos moyens actuels d'information on ne sait guère et on ne veut pas savoir comment les armées de l'Europe détruisirent en 1860, par exemple les monuments et les bibliothèques de la Chine. Il faut une longue courbe de siècles pour voir apparaître cette faible justice qu'est la réprobation des hommes cultivés. Mais ce qui est surprenant, c'est que tant de siècles aient pu passer et que Jules César, sur la foi de son génie de guerrier, ait pu imposer cette carte postale, ce chromo représentant un mannequin où il y a dedans des hommes qui brûlent et autour, des Druides avec des faucilles. Ce qui est surprenant c'est qu'un historien comme M. Camille Jullian puisse renchérir sur le texte des Commentaires et ajouter au mannequin du bois et du foin :

« Les condamnés étaient enfermés pèle mêle avec des animaux dans un colossal mannequin d'osier, de bois et de foin et on mettait le feu à cette masse de chair. »

Les sacrifices humains que l'on a tant reprochés aux Gaulois et aux Druides ont existé de tout temps et chez tous les peuples. De nos jours, quelques nations seulement les ont abolis. La France n'est pas de celles-là. Seulement l'immolation au lieu d'être faite avec un couteau sacré, est pratiquée par la guillotine et ce n'est pas au nom de Moloch, de Jupiter ou de Teutatès, mais au nom d'une divinité abstraite de la justice.

Ces sacrifices qui indignaient tant Jules César se pratiquaient encore fréquemment de son temps dans certaines régions de l'empire romain. Il y en avait encore au 11e siècle de notre ère en Arcadie et à une époque bien postérieure, le libre peuple romain, le peuple civilisateur avait pour

---

* Traduction Maurice Rat (Garnier).

usage, quand un danger public menaçait la cité, d'enterrer vivants, dans le forum Boarium, un Gaulois et une Gauloise, malgré l'évidente absence de rapport entre ce supplice et la marche du destin.

Après qu'un million d'hommes eut été massacré, un million est le chiffre donné par Plutarque, la Gaule fut jugée pacifiée. On estima que l'absence de soulèvements signifiait la satisfaction d'avoir reçu les bienfaits de la civilisation. Tous les peuples sont pacifiés quand leurs éléments actifs ont été exterminés et qu'il n'y a plus personne pour s'élever contre les exterminateurs.

Rome envoya des préfets, des fonctionnaires et surtout des percepteurs d'impôts. Tous, quand ils revinrent, parlèrent en baissant la voix de ces profondes forêts qu'ils avaient côtoyées en se rendant à leur poste et où, de ci de là, devaient s'accomplir encore quelques sacrifices humains. Il y en eut peut-être pour avoir entendu le cri des victimes.

Mais nul ne s'arrêta au bord de la route, devant quelque antique stèle de pierre dont on avait fait une borne, pour se demander ce que signifiait ce signe incompréhensible, venu d'un passé lointain, cette roue mystérieuse, le svastika*.

---

* Il a été donné du Svastika des interprétations différentes. Burnouf en a fait le symbole du feu, Max Muller celui du soleil, G. d'Alviella celui de la lune, Me Blavatsky celui du centre initiatique du monde ; René Guenon en a fait le signe du Pôle. Dans Tlnde antique, ce signe symbolisait le mouvement accompli dans la joie, la vie en marche vers la perfection. C'est le sens le plus vraisemblable pour un signe qui était placé au seuil de tou les temples et dans tous les carrefours.

Les Lamaseries Druidiques

On ne sait pas à quelle époque les Druides vinrent en Gaule. On sait seulement qu'ils apparurent, demeurèrent quelques siècles, puis disparurent. Mais pour comprendre le caractère énigmatique de leur arrivée et le peu de traces matérielles qu'ils laissèrent de leur présence, il faut savoir qu'il y a eu de tout temps, par le monde, des communautés errantes, dépositaires du savoir humain. De tout temps ces communautés ont procédé par les mêmes méthodes, se sont efforcées vers le même but et ont eu pour règle commune de demeurer cachées.

Le premier caractère de la pensée est d'être invisible. Beaucoup de voyageurs ont traversé les Indes et le Tibet et n'ont vu que des populations misérables, s'adonnant à des superstitions enfantines. Le lecteur des Védas et de la Bhagavad Gita ne se tient pas, son livre à la main, sur le passage de la caravane. D'ailleurs si nous supposons une créature d'une autre planète considérant Paris de loin, cette créature se rendrait compte que les hommes se déplacent, mangent et se rapprochent pour l'amour, mais elle ne se rendrait pas compte qu'ils pensent. C'est ce qui arrive, du reste, pour l'observateur d'une société de fourmis. Il ne peut distinguer si parmi les guerrières, les pondeuses et les autres petites créatures spécialisées, se trouvent de sages métaphysiciens.

Il y a eu toujours des hommes qui ont détenu les vérités essentielles qui permettent à l'humanité de se diriger confusément vers un idéal de perfection. Et ces hommes se sont transportés à travers le monde pour enseigner ces vérités, chercher d'autres hommes, parmi les plus avancés et les plus désireux de culture, pour que ces vérités soient perpétuées.

D'où, à l'origine, sont partis ces voyageurs missionnaires ? On en a donné diverses explications dont plusieurs ont un caractère merveilleux et demandent pour y ajouter foi la connaissance de quelques légendes.

L'hypothèse la plus merveilleuse est celle qui leur donne une origine divine. Certains occultistes prétendent que des êtres ayant atteint un développement plus grand que le nôtre et habitant la planète Vénus auraient envoyé sur la terre des messagers pour donner aux hommes les bases de la connaissance. Ces messagers auraient instruit des disciples qui, à leur tour, auraient transmis la connaissance à d'autres.

Tout le monde connaît maintenant l'Agartha et le roi du monde dont a parlé Ossendowski. Saint Yves d'Al-veydre, écrivain noble et emphatique, dans un livre intitulé « Mission de l'Inde » affirma avoir eu la révélation que l'Agartha et le Roi du monde, son chef, avaient une existence réelle et active, mais souterraine. Ce serait dans les ombres du centre de la terre que s'élaboreraient les forces spirituelles qui nous dirigent.

M. René Guenon a écrit sur ce sujet un livre très complet et définitif* dans lequel il rapproche toutes les traditions orientales et occidentales, relatives à l'Agartha, au Manou des Hindous et à cette terre mystérieuse « île sacrée » ou « Mont du salut » dont les traditions de tous les peuples font un séjour d'initiés. M. René Guenon tend à conclure que l'Agartha et la t terre d'Immortalité » ne seront pas toujours invisibles pour les hommes. Ils ne le sont que parce que nous sommes dans le Kali Yuga ou période d'obscuration. Mais il viendra un temps où les initiés réapparaîtront et où le but cessera d'être caché.

Une tradition qui touche à celle de l'Agartha est celle qui veut qu'après la grande catastrophe cosmique où l'Atlantide fut engloutie, il y eut des hommes qui échappèrent et se donnèrent la tâche de perpétuer le patrimoine moral humain. Ils s'étaient réfugiés sur les hauteurs de l'Himalaya. C'est là qu'ils enfouirent les tables astronomiques, les documents gravés sur des feuilles de métal, tout ce qui représentait les éléments du savoir. C'est de là qu'ils repartirent à travers le monde redevenu barbare.

Le caractère légendaire de ces traditions est éclatant. L'on peut supposer également que, de façon naturelle et sans aucun mot d'ordre, les hommes les plus cultivés se sont réunis pour tenter de rendre l'humanité moins grossière avec des mœurs plus pures et une connaissance plus étendue.

Mais il faut remarquer que ces groupes, que l'on voit apparaître depuis les époques les plus lointaines ont eu tous la même discipline, la même manière de vivre et ont enseigné une science identique.

* René Guenon : *Le Roi du Monde*.

Ils se présentent sous la forme de communautés qui ont plusieurs degrés, selon la tendance de leurs membres. Ces communautés vivent de façon retirée elles pratiquent un certain ascétisme, elles n'aspirent pas à faire parler d'elles. Elles ne bâtissent pas de monuments grandioses, en sorte que lorsqu'elles disparaissent on nie aisément leur existence. Elles ont pour principe que la plus grande influence est de nature spirituelle et qu'il n'est pas besoin, pour l'exercer, ni de tour de pierre ni de licteurs armés.

Les Mages de la Chaldée, les groupes Orphiques de la Grèce, les Esséniens de la Palestine, les Pythagoriciens, les Thérapeutes d'Egypte, les Druides de la Gaule ont été des communautés de cet ordre. Il dut y en avoir d'autres que nous ignorons, à cause de leur volontaire parti pris de ne pas laisser de traces.

C'est grâce à leur existence un peu partout, grâce à la Franc Maçonnerie du savoir, que les hommes désireux de s'instruire étaient accueillis dans les pays les plus éloignés. N'ayant que son manteau et son bâton, celui qui était né sous l'étoile de la connaissance, trouvait, de l'Inde à l'Irlande, quelle que soit la sauvagerie des peuples, des lieux de sagesse et d'instruction où on lui donnait un mot de passe qui lui permettait d'aller plus loin. Ainsi Pythagore passe pour avoir été dans l'Inde et chez les Druides de la Gaule. On a montré longtemps à Memphis la chambre où avait habité Platon. Apollonius de Tyane et Manès parcoururent l'occident et l'orient et visitèrent tous les lieux où il y avait une instruction à recevoir. Il y a quelques années, le Russe Nicolas Notovitch a retrouvé dans le couvent Bouddhiste d'Hinis au Tibet la trace du séjour que vint y faire Jésus*.

Ces communautés errantes avaient un caractère religieux puisque les premiers principes de leurs croyances étaient l'unité de Dieu et l'immortalité de l'âme. Mais quand elles s'installaient dans un pays, elles ne tentaient pas de détourner les habitants de leur culte, elles s'y conformaient, certaines que les vérités dont elles possédaient les secrets ne manqueraient pas de filtrer parmi les plus intelligents. Elles étaient partout bien accueillies car elles enseignaient en général des procédés

* N. Notovitch : *La Vie inconnue de Jésus Christ.*

nouveaux pour travailler le fer, fabriquer les poteries et des connaissances pour la construction des ponts et des édifices. Elles modifiaient selon les races, la tonalité de leur enseignement. Ainsi les mages de la Chaldée devinrent les prêtres d'une religion astronomique. Les Orphiques de la Grèce fondèrent les mystères. Les Esséniens développèrent des doctrines de fraternité et d'amour de la pauvreté que Jésus devait rendre publiques. Peut-être y eut-il des communautés chinoises pour répandre une morale de la vie à l'usage de populations agricoles dont le rêve ne dépassait pas le champ de riz et le tombeau des ancêtres.

Les Druides partirent vraisemblablement d'un centre situé en Irlande, centre qui avait dû, à l'origine, s'alimenter en Asie, comme le prouve l'étroite similitude d'organisation des Druides et des Lamas.

Ils trouvèrent en Gaule des Dieux celtiques appelés Teutatès, Esus, Taranis*, et ces innombrables démons qui hantent la surface de la terre et qui ont tour à tour été appelés devas, daïmons, fées ou anges.

Ils respectèrent ces Dieux comme ils respectèrent les dolmens et les menhirs qui se dressaient sur les plateaux Armoricains, sur les plaines du centre et du midi. Les Druides ne furent pour rien, comme on le croit généralement, dans l'élévation des dolmens et des menhirs. Ces pierres remontent à des époques beaucoup plus anciennes peut-être celles des Atlantes. Les dolmens étaient des tombeaux que les pluies ont mis à jour, tandis que les menhirs étaient dressés pour appeler les esprits et rendre plus aisées leurs communications avec les hommes. Les menhirs étaient des lieux de rendez-vous d'esprits célestes. On peut supposer que beaucoup de dolmens étaient encore souterrains au temps où les Druides vinrent en Gaule et qu'il fallut encore trois milles ans de pluies pour faire apparaître les os des chefs hyperboréens qui reposaient sous leur voûte.

Du reste, il y a des dolmens un peu partout sur la surface de la planète. «Ainsi William Gowland en a exploré, mesuré, photographié, quatre-

* L'importance de ces Dieux est incertaine. Ils sont seulement mentionnés par le poète Lucain. Sur la foi de ce seul poète, tous les historiens les ont désignés comme les trois grands Dieux de la Gaule. Ces historiens ont oublié avec quelle facilité les poètes jettent au petit bonheur des noms propres sonores dans leurs poèmes.

cent six au Japon, il y a une trentaine d'années*.» Ils furent donc bâtis par des races qui avaient des idées communes sur la construction et sur la mort et qui étaient répandues dans tous les pays. Les Druides les ont utilisés, ainsi que le christianisme devait les utiliser plus tard.

Chose très curieuse signalée par M. Chaboseau, il y a une pierre précieuse couleur vert de mer, analogue à la turquoise, la callaïs, dont on ne connaît que 830 perles dans le monde, qui toutes ont été trouvées dans des dolmens. Quelle vertu avait cette pierre précieuse si rare, quelle vertu d'un usage mortuaire et quelles possibilités relatives à la vie future étaient cachées en elle ? Cela ouvre un grand essor à l'imagination sans qu'aucune réponse puisse être donnée.

Comme les Esséniens en Palestine, les Druides ne se trouvèrent pas en présence d'un clergé organisé et fermé. Ils conquirent de suite la race accueillante et naïve qui vivait au bord de la Loire et de la Garonne dans cette Gaule de jadis qui ne peut être plus simplement décrite que par cette phrase si évocatrice de Diodore de Sicile :

«La Gaule est traversée par des fleuves grands et nombreux qui serpentent dans des plaines. Les uns ont leur source dans des lacs profonds et les autres jaillissent des montagnes.»

Selon la méthode immuable des communautés spirituelles de ces temps éloignés, certains d'entre eux devinrent des éducateurs actifs, devinrent juges, constructeurs et médecins, tandis que les autres s'adonnaient à l'étude des astres, enseignaient la philosophie et le périple de l'âme après la mort.

Comme l'a démontré M. A. Bertrand† dans son livre « La religion des Gaulois » la partie intérieure du groupe des Druides menait une vie monastique, dans des couvents, dans des lamaseries, organisées comme les lamaseries actuelles du Tibet. Le modèle primitif est resté immuable

---

* A. Chaboseau : *Histoire de la Bretagne avant le XIIIe siècle.*

† *La Religion des Gaulois* de M. A. Bertrand, membre de l'Institut, résume le cours que fit l'auteur à l'école du Louvre en 1896. Je donne ces titres pour ceux qui pourraient ignorer le nom de M. A. Bertrand et ne pas croire à son autorité. Il est à remarquer que, lorsqu'un livre est révélateur, sur une question quelconque, il devient rarement célèbre et ce sont les livres médiocres, ressassant les vieilles idées fausses qui ont toute la popularité.

sur les flancs de l'Himalaya protecteur d'où partirent les théories des premiers messagers, où tentent de revenir, encore aujourd'hui, beaucoup d'isolés de l'esprit qui se considèrent comme des messagers solitaires.

Les Druides fondèrent la vie cénobitique en Occident. C'est sur leur organisation que se modelèrent plus tard les couvents chrétiens et les abbayes des premiers siècles après Jésus Christ. De même que sur les immenses plateaux désertiques de la Mongolie et du Tibet, parmi des populations encore sauvages, se trouvent comme des îlots, des monastères avec des bibliothèques et des pratiques spirituelles, de même il y eut parmi les terres Gauloises aux vastes forêts, et jusque dans les étroites gorges des Pyrénées, des collèges d'hommes instruits, détenteurs de l'art et de la science.

L'historien Strabon a décrit la vie d'une de ces communautés à Comona dans l'Asie mineure. Celle-là avait acquis de son temps, dans la première partie du premier siècle, une grande prospérité et une grande influence. Elle était devenue un centre commercial en même temps qu'un centre spirituel. Le nombre de ses membres s'élevait à plus de six mille. Une ville s'était bâtie auprès. Le territoire de la communauté avait un caractère tellement sacré que les invasions barbares pillèrent les environs mais ne touchèrent pas à Comona. Les mêmes causes produisent les mêmes effets. Les lamaseries des Druides, comme celles du Tibet ou celle de Comona, formèrent des oasis de pensée, au milieu de peuples encore primitifs. Elles « détenaient les secrets héréditaires des métiers et les traditions nationales », dressaient les cartes des pays pour les voyageurs, enseignaient à ceux qui étaient avides de connaissances, la forme sphérique de la terre, le mouvement des planètes et les symboles cachés derrière les représentations emblématiques des Dieux. Elles enseignaient aussi une philosophie plus haute à ceux qui étaient susceptibles de la comprendre. Cette philosophie pourrait s'appeler la philosophie éternelle, puisqu'on la retrouve, avec à peine de légères variantes, chez les premiers initiateurs de la pensée humaine. Nous verrons que les Druides ont marqué cette philosophie du sceau de leur sagesse propre »

La Mère Hindoue et les Mères Gauloises

Il y a dans l'Inde une déesse que tous les hommes invoquent à certaines heures, à quelque secte qu'ils appartiennent. C'est la Mère. C'est elle que les poèmes hindous appellent la déesse au teint bleu sombre, celle qui incarne les forces de la nature, la beauté et la mort, celle qui conduit à l'absolu divin, par le chemin de l'enthousiasma C'est elle que priait Rama Krishna à Bénarès, dans le temple aux cinq dômes, au murmure des eaux du Gange et des cymbales que faisaient résonner les desservants. C'est agenouillé devant ses symboles invisibles, qu'il vit, un soir, venir à lui un « Océan d'esprit » qu'il fut recouvert par ses vagues immenses, en même temps qu'il était pénétré par le sentiment d'une divine présence.

La Mère est partout. Partout l'océan d'esprit est caché et il se précipite, si on rompt certaines digues intérieures.

La Mère symbolise la réalisation de la beauté idéale. Dans la contemplation de la beauté, que ce soit celle d'une femme qui marche ou celle d'un arbre qui jaillit sur une hauteur, l'homme atteint un état intermédiaire entre l'intuition et l'intelligence. Cet état est le sommet le plus élevé ou puisse parvenir l'esprit de l'homme.

La mère a toujours été représentée avec une forme féminine. Les chrétiens lui donnent le nom de Vierge Marie. Mais quand ils portèrent le culte de la Vierge Marie en Gaule, il n'était pas un Gaulois qui ne la connût déjà. Seulement ils l'appelaient différemment depuis des siècles. Et comme la mère se présentait à eux sous l'infinie diversité des formes vivantes de la nature, elle était pour eux les Mères.

Ces déesses étaient innombrables et elles exerçaient une action protectrice quotidienne. Il y en avait une dans chaque fontaine, dans chaque rocher formant un abri, dans chaque arbre, plus majestueux et plus antique que les autres arbres des bois. Il y avait des Mères de la maison et des Mères familiales. Les Gaulois qui allaient combattre loin de leur patrie étaient accompagnés par une Mère personnelle qui les reliait au foyer lointain et dont ils sentaient sur eux la protection. Chaque fontaine était l'expression dans la matière d'une Mère vivante et beaucoup accomplissaient des guérisons miraculeuses avec leurs eaux.

La terre, les eaux et les bois étaient animés pour les Gaulois d'une mystérieuse vie divine. Il y avait partout des esprits cachés, partout des génies, partout des Mères. Certains lieux étaient plu s propices que d'autres à la présence des divinités. On y allait alors en pèlerinage, on élevait autour, des enceintes de pierre, on y allumait des feux avant le lever du jour.

Le christianisme, tout en combattant les erreurs païennes, eut assez d'habileté pour profiter de leurs pouvoirs. Beaucoup d'églises furent construites sur les lieux qui avaient été hantés par les Mères antiques. Beaucoup de fontaines miraculeuses furent sanctifiées et des dames ou des saintes remplacèrent les déesses d'autrefois.

La cathédrale de Chartres est bâtie sur l'antique sanctuaire d'Autricum, capitale des Carnutes. On a retrouvé au XVIIIe siècle dans le chœur de Notre-Dame une pierre portant une image d'Esus et une image de Jupiter qui montre que l'emplacement de la cathédrale chrétienne avait été, dans une époque antérieure, l'emplacement d'un temple à des dieux primitifs.

Près de la Garonne, à Toulouse, se trouvait un lieu sacré dont le pouvoir était immémorial. Les romains y bâtirent un temple et les Visigoths une église chrétienne. Cette église s'appelle aujourd'hui la Daurade et fut, à l'origine, consacrée à la Vierge Marie, c'est-à-dire à la Mère. Seule des têtes de hiboux sur les colonnes, attestent que la déesse qui dans les époques primitives souffla ses inspirations avec la voix des eaux pyrénéennes et des grands peupliers, était la déesse de l'intelligence clairvoyante qui avait pour symbole l'oiseau qui voit à travers la nuit. Il en est de même de la Maison Carrée de Nîmes, du temple octogone de Montmo-rillon dans le Poitou et de maintes chapelles et églises locales dressées sur des hauteurs ou dans les vallées où l'esprit souffla de tout temps parce qu'il voulait souffler là.

Les Mères y ont vécu jadis. Elles n'ont fait que changer de nom. Mais elles entendent les appels formulés avec d'autres syllabes par des hommes de même race. Elles sont encore cachées sous les pierres des autels chrétiens. Et quand un croyant murmure : Je vous salue Marie ! c'est Onuava qui se dresse entre les cierges et murmure : Je suis là.

Les Druides enseignaient que les statues sont vaines et qu'on ne doit pas dresser des représentations des Dieux à cause de la facilité qu'ont les hommes simples à prendre la matière symbolisant l'esprit, pour l'esprit lui-même. La plupart des statues qui furent élevées malgré eux ont été détruites par les Chrétiens, avides d'anéantir tout vestige de paganisme. A peine est-il demeuré de-ci de-là, quelque statuette oubliée ou quelque bas relief sur un monument.

L'image la plus saisissante des déesses gauloises est celle à laquelle on donne le nom de déesse Onuava et que les archéologues qui parlent d'elle qualifient de « sorte de Minerve » ou de Vénus céleste.

La déesse Onuava, trouvée sur une ancienne porte d'hôpital à Clermont garde cette beauté que le sculpteur de jadis s'efforça de mettre sur son visage et dont l'usure de la pierre n'a pu effacer l'âme. Elle participe de la fluidité des eaux car elle a des écailles de poisson sur ses oreilles. Deux serpents se déploient autour d'elle, deux serpents à tête d'oiseau qui sont les symboles de la connaissance et de la sagesse par lesquelles il fut prescrit à l'homme, dès l'origine des temps, de s'acheminer vers la perfection. Et de son cerveau sortent deux ailes, emblèmes du vol, de l'aspiration idéale, de l'arrachement du monde physique, pour atteindre le monde plus parfait de l'esprit.

Ce caractère immatériel de la déesse Onuava se conciliait avec la nature, purement terrestre en apparence, des Mères gauloises.

Car il y a deux sens derrière le visage de toutes les divinités. Sous les apparences da la nature physique, sous les eaux jaillissant de la terre, sous a poussée des sèves végétales, sous les formes charnelles gonflées de sang, il y a la force qui aspire à revenir à sa source. L'une s'épanouit en beauté, l'autre change cette beauté en esprit. Les mères étaient les symboles de ces deux forces. Les Druides pénétrèrent le secret des Mères. Ils surent que derrière les manifestations de la nature, terrestres ou célestes, se cachaient des présences et que derrière ces présences étaient les essences du monde. Les Druides furent les prêtres du culte des Mères.

La Mort des Forêts

De même que les Gaulois étaient chevelus avec des yeux couleur de rivière, ainsi la terre qui les engendra était recouverte d'épaisses forêts, coupées par les lignes azuréennes des eaux.

La Gaule ne ressemblait pas à notre pays. La face vivante d'une région prend un autre aspect avec le passage des siècles. La Gaule était le royaume des végétaux et la race des hommes était sujette des arbres. A ces arbres tout puissants, millénaires et s'engendrant sans cesse de la substance de leurs corps, les hommes rendaient un culte. Ils tiraient leur vie de ces Dieux bienveillants; ils communiquaient avec leurs âmes matérialisées; ils bâtissaient leurs villes en conformité avec les cités plus immenses que formaient les forêts; ils étaient tributaires des rois végétaux et dans cet état de simplicité ils trouvaient le bonheur.

C'est avec l'invasion romaine que commença en Gaule la guerre des arbres contre les hommes et ce qu'il est convenu d'appeler la civilisation et à laquelle une loi planétaire donne éternellement la victoire.

Il est déjà saisissant de penser à la mort des colosses verdoyants et à leur ensevelissement dans les remous géologiques qui ont précédé les périodes connues de l'histoire. Il y a des cimetières d'arbres. On a retrouvé dans les terrains houillers du bassin d'Autun d'immenses sépultures de forêts. A une époque qu'on ne peut fixer, au cours d'inimaginables tempêtes cosmiques sous un soleil que les brumes jurassiques rendaient peut être plus énorme, elles furent englouties avec leurs parasites, leurs bêtes sauvages et leurs oiseaux. Dans la baie de Saint-Brieuc et le long des côtes du Finistère et aussi dans la mer qui sépare l'Irlande de l'Angleterre on sait qu'il y a de grandes étendues de bois pétrifiés qui reposent sous les vases marines et dont les branches minéralisées sont maintenant frôlées par les poissons des profondeurs.

Mais la destruction de la nature par elle-même n'est qu'une forme de ses renaissances. Plus douloureuse est la destruction d'un règne par un autre.

Au temps des Druides, les forêts se prolongeaient sans interruption de l'Irlande à la Méditerranée. Des forteresses végétales se dressaient sur les deux rivages de la Manche. Les fleuves se frayaient leur route en roulant des troncs qui obstruaient les embouchures. Les routes gauloises avaient du mal à subsister. La force d'envahissement des arbres devait demeurer longtemps encore, puisqu'on a retrouvé en Flandre des routes romaines dallées qui avaient elles-mêmes disparu sous la poussée des arbres.

Beaucoup de végétations de ces temps ont quitté la terre où leurs parents arboriformes furent tués. Ainsi les côtes de la Méditerranée de Nice à Saint-Raphaël étaient recouvertes d'une impénétrable forêt de frênes. Cette forêt subsista encore quelques siècles puisqu'on la voit, au Xᵉ siècle, servir de rempart par sa densité contre les invasions des Maures. Son souvenir ne demeure que dans le nom de quelques villages. Las vieux frênes sont morts et ont déjà été remplacés par des arbres dont quelques-uns sont d'importation arabe, comme les myrtes et les orangers. Les races d'arbres changent de lieu, comme les races d'hommes.

« Lorsqu'abordant sur la côte de Massilia, le Romain pénétrait dans notre pays et s'avançait dans la direction de nord, il rencontrait des bois de plus en plus, épais, de plus en plus étendus »*. Les châtaigniers couvraient le plateau central, les aunes le pays des Arvernes. Les peupliers et les cyprès se tenaient déjà sur les hauteurs, entre la Narbonnaise et le Toulousain. Les pins s'étendaient par millions sur les dunes d'Aquitaine. Les chênes étaient partout.

C'est d'une des forêts situées aux environs de Marseille dont Lucain a fait une description si terrible qu'elle en est plaisante. Peut-être cette description ne fut-elle pour lui qu'une fantaisie poétique. Mais tous les historiens l'ont prise naïvement au sérieux.

« Là, sont célébrés d'affreux mystères druidiques, dit-il. Tous les arbres sont dégoûtants du sang des victimes humaines. L'eau qui coule est noire. A chaque chêne s'enroule un serpent monstrueux. »

Et Lucain rapporte encore que lorsque César ordonna à ses légionnaires de couper les arbres de cette forêt, ils refusèrent, impressionnés par la majesté qui se dégageait d'eux. César l'athée, fut obligé de saisir

---

* Alfred Maury : *Histoire des grandes forêts de la Gaule.*

une hache et de porter le premier coup, pour leur montrer qu'il n'y avait aucune vengeance infernale à redouter.

Il dut sentir, en accomplissant ce geste qu'il attaquait un ennemi aussi redoutable que les cavaliers de Vercingétorix. C'est alors que commença l'extermination des arbres. Les forêts attaquées par la hache et et par le feu sont rapidement détruites. Pour que le pays conquis donnât son maximum de rendement, il fallait des plaines cultivées, des routes nombreuses. Les Gaulois, comme tous les peuples, trouvèrent qu'il y avait avantage à changer une existence primitive, dont la richesse profonde demeure invisible, contre une vie où le bien être est apparent, qui s'embellit par la variété des produits, le choix des étoffes, les maisons plus confortables. Ils collaborèrent à détruire les demeures forestières de leurs Dieux. Du pays des Eduens au bord de la Moselle, jusqu'à celui des Aquitains, le long des Pyrénées des feux flambèrent, des feux qui furent allumés pendant un siècle. Les terres qui étaient cultivées au moment de l'arrivée des légions de César suffisaient largement aux besoins des Gaulois. Il fallut que l'étendue de ces terres fut multipliée pour suffire aux exigences des conquérants. Rome, la Rome des gastronomes oisifs, des politiciens ventrus, était comme l'estomac énorme de l'empire et absorbait inlassablement les produits des peuples asservis. Un siècle suffit pour arrêter l'épanouissement végétal de la Gaule chevelue. Et déjà sous Tibère, les proconsuls avisés qui tiraient des revenus des forêts autant que des champs, étaient obligés de faire des édits pour empêcher l'excès du déboisement.

Mais les grandes forêts Gauloises avaient été frappées à mort. Elles étaient comme un homme écartelé, torturé, amputé, auquel il ne reste qu'une partie de ses membres. Les grands troncs lisses avaient descendu les fleuves pour être embarqués à Massilia ou à Fréjus, ils étaient partis vers l'Italie par les routes du sud. En perdant ses forêts, la Gaule dépouillée allait changer d'âme.

Depuis, les historiens français ont relaté, quelquefois avec tristesse, la défaite de Vercingétorix à Alésia. Quelques-uns ont considéré que la victoire romaine était une nécessité heureuse, toujours en vertu de ce flambeau civilisateur dont les Romains étaient censés éclairer le monde.

Mais nul n'a signalé l'importance du geste symbolique de César frappant un arbre, nul n'a songé à associer la défaite des hommes à la défaite des forêts.

Le Pacte avec la Nature

Les Druides avaient fait un pacte d'alliance avec les forêts. Cela correspondait alors à une réalité parce que les forêts étaient vivantes. Ce qui de nos jours est superstition et légende était une vérité il y a trois mille ans. Les esprits des arbres, les génies de la nature existaient quand leurs corps terrestres n'avaient pas été mutilés.

Maintenant ils ne se laissent plus apercevoir par la race destructrice des créatures à deux pieds qui met tout son plaisir à les faire mourir. Ils savent que la plus innocente fille d'hommes ne songera, en s'en allant dans les endroits où ils vivent, qu'à arracher ce qu'ils ont créé avec amour et qui est leur adoration, les fleurs.

Au temps ou les forêts étaient silencieuses et où les végétations s'épanouissaient librement, l'essence vivante des arbres se matérialisait et pouvait devenir visible pour certains hommes parvenus à la clairvoyance du monde plus subtil qui nous entoure. Tous les hommes primitifs parlent de ces créatures timides, fuyantes, bienveillantes que sont les esprits de la nature et tous leur prêtent les mêmes qualités et les mêmes défauts, parce qu'ils ont peut-être eu d'elles la même expérience.

Nymphes, dryades ou fées sont les mêmes êtres. Mais nous avons pris l'habitude de les considérer comme purement mythologiques. Nous avons entendu raconter tant d'histoires fantastiques au sujet des fées, elles sont si étroitement associées à des contes puérils et invraisemblables qu'on ne peut émettre l'hypothèse de leur existence réelle sans faire naître un éclat de rire.

Autrefois cette existence ne faisait de doute pour personne. L'église chrétienne dans son premier effort pour convertir le monde se heurta aux divinités de la nature qui étaient partout, sous les ombres de tous les bois, dans le bleu de toutes les sources. Elle ne songea pas alors, à nier leur existence, parce que c'était une impossibilité. S'il y avait eu des gens cultivés pour ne pas croire aux esprits de la nature elle se serait appuyée sur leur opinion. Mais il n'y en avait pas et elle fut obligée de déclarer que toutes les divinités des arbres et des eaux étaient des démons, animés de la force diabolique.

Il se peut très bien qu'une catégorie d'êtres qui avait, il y a deux mille ans, encore une existence réelle et visible, ait maintenant disparue, soit qu'elle ait été éteinte, soit qu'elle se soit réfugiée dans des endroits plus inaccessibles. L'existence de ces êtres n'a rien d'invraisemblable. Il y a une âme végétale collective. Pourquoi n'y aurait-il pas des âmes particulières d'espèces et d'individus ? Pourquoi ces âmes ne prendraient elles pas une forme matérialisée qui, sous certaines influences serait perceptible par certains hommes. Que cette forme affecte la forme humaine, cela n'a rien de surprenant. L'homme étant l'être le plus complexe de la création et le seul à avoir développé une conscience, c'est sa forme qui est normalement le confus idéal de toutes les vies qui, englobées dans une collectivité, tendent à une existence particulière.

Aussi les esprits de la nature qu'on devrait appeler plus justement les âmes de la nature, prennent l'apparence des hommes qu'elles ont l'habitude de voir. Les légendes représentent les Kobolds, revêtus d'une étoffe marron, avec un capuchon, analogue aux costumes des paysans du moyen âge. Les fées apparaissent comme la jeune fille du village, ou celle du château. Si quelque âme d'arbre, surmontant sa nature craintive, osait aujourd'hui sortir de son enveloppe d'écorce, elle aurait sans doute des gants et des lunettes d'automobiliste.

Les âmes des arbres, ont été, dans des cas très rares vues et étudiées par des clairvoyants. Elles prennent, en vertu de raisons inconnues, des apparences tour à tour masculines et féminines. Elles sont douées d'un pouvoir plastique de transformation, avec la faculté de se contracter et de s'épandre. Elles possèdent un don de demi-luminosité, une couleur de crépuscule, qui avec la nuit, prêté à leur forme translucide, un caractère de mystère émouvant pour l'homme ignorant. La vitalité de l'arbre avec laquelle elles se confondent partiellement forme un réseau magnétique qui les protège et qui est leur substance.

Les légendes parlent toujours de danses de fées silvestres ou de nains de la terre. Tous ceux à qui il a été permis de voir les esprits de la nature sont unanimes pour dire qu'ils sont d'une nature joyeuse. La nature accomplit son œuvre dans la joie et cette joie domine à mesure que la conscience se développe dans les règnes supérieurs. Les germinations et les floraisons sont des œuvres d'allégresse. La pénétration des racines, la montée des sèves, la poussée des feuilles sont senties affectivement par l'âme de l'arbre comme une dilatation de bonheur et ce bonheur a une vertu de communication, il peut se transmettre à l'homme si celui-ci peut trouver un point de contact entre le bonheur végétal et son propre cœur.

C'est ce secret que possédaient les Druides. Les grandes forêts gauloises étaient leurs alliées, c'est d'elles qu'ils tiraient leur force. La règle essentielle des Druides était de ne rien détruire de ce qui vit, règle qu'avaient aussi les Pythagoriciens, les Esséniens, toutes les grandes confréries de sages antiques. C'est pourquoi on n'a retrouvé nulle part des monuments ayant servi d'habitations aux Druides. Il aurait fallu pour cela abattre les forêts pour des assises ou des colonnes et leur principe était de les respecter. Les Druides vivaient sous les voûtes des arbres, dans des demeures légères dont une seule saison suffisait à effacer les traces. C'est dans les forêts qu'ils tenaient leurs collèges où ils attiraient les jeunes Gaulois désireux d'instruction et où le cycle d'études durait vingt ans.

Nous n'avons aucune idée de la science des Druides qui était transmise oralement. Le naturaliste Pline a fait la description d'une cérémonie Druidique relative à la cueillette du gui. Cette description devait avoir une fortune extraordinaire, fortune qu'elle ne mérite pas. Grâce à Pline, elle s'est fixée pour l'éternité dans la mémoire des hommes et nul ne saurait parler de Druide sans parler de gui.

Il convient de rappeler toutefois avec quelle facilité Pline pouvait raconter des détails pittoresques sur les pays qui lui étaient inconnus. Ce qu'il dit, par exemple, des fourmis cornues de l'Inde, porte à mettre en doute les autres détails qu'il donne sur des choses qu'il n'a pu voir.

« Cette fourmi tire l'or des cavernes. Elle a la couleur du chat et la taille du loup d'Egypte. L'or qu'elle extrait durant l'hiver est dérobé par les indiens pendant la chaleur de l'été. Elles courent alors et déchirent les voleurs bien qu'ils s'enfuient sur des chameaux très rapides, tant sont grandes leur agilité, jointe à leur passion de l'or »*.

Le gui toutefois devait jouer un rôle dans la préparation du breuvage sacré des Druides. Emblème du chêne, il contenait la force propice de cet arbre. Grâce à une préparation dont les Druides avaient le secret, il servait à transmettre aux hommes la bienveillance, la tranquillité d'âme, qualités essentielles des forêts et surtout des forêts de chêne.

C'est là qu'était le rôle principal des Druides, leur moyen d'action sur le peuple Gaulois. Ils communiquaient avec les grandes forces végétales des forêts. Les âmes des arbres sont graves et douces, elles possèdent la sérénité qui est la substance de la joie de vivre. Les Druides étaient les agents de transmission entre les forêts et les hommes.

Aucun texte ne le dit. Ce n'est gravé sur aucune pierre. Mais il s'agit d'un temps où la forme écrite n'était pas en usage. Les Druides donnaient au peuple simple des Gaulois la leçon de vivre des forêts. Ils leur enseignaient la forme de bonheur qui leur était le plus accessible. Ils les maintenaient dans une vie droite et des mœurs pures qui sont les premières conditions pour être heureux. Ils façonnaient leurs âmes en conformité avec l'allégresse d'expression des arbres.

Quand César pénétra en Gaule, il n'y avait pas très longtemps que l'affaire des Bacchanales avait fait découvrir dans Rome l'organisation d'une vaste société de débauche comme le monde n'en a jamais connu. Sous prétexte de rites religieux les jeunes femmes et les fils des personnages les plus importants de la société, pratiquaient, certaines nuits, l'amour en commun dans d'immenses proportions, puisque ces réunions d'un caractère orgiaque comprenaient plusieurs milliers de personnes. Cet usage n'était pas perdu, au temps de César, il était seulement devenu plus secret. Il avait même dû se développer avec l'athéisme grandissant de la société.

A la suite des légionnaires, des marchands qui accompagnaient les armées, des innombrables fonctionnaires parasites, la pourriture romaine se répandit dans les Gaules. Or, par un phénomène inexplicable, la corruption des mœurs et tous les maux qu'elle engendre exerce sur les peuples simples et purs une séduction attractive à laquelle ils n'ont jamais résisté.

* PLIME : livre XL.

La Sagesse Primordiale

Posidonius, philosophe stoïcien de Rhodes qui vivait encore au temps de César et de Cicéron, vint à Marseille, un peu comme on va au bout du monde, pour s'instruire sur les mœurs des peuples sauvages. Il connut les Gaulois par ces marchands grecs, rusés et cupides, qui haïssaient les hommes des forêts, à cause de leur bonne foi, de leur ingénuité et de la difficulté qu'ils avaient à leur faire accepter des monnaies d'or et d'argent en échange des produits de leur pays. Les Gaulois, quand Posidonius, vint à Marseille, un siècle avant Jésus-Christ, ne comprenaient pas encore pourquoi certains métaux, auxquels on avait donné une forme circulaire, étaient recherchés par les hommes.

Ce Posidonius, qui professa à Rome, possédait la culture gréco-latine de ce temps, culture qui avait fait le tour des religions et concluait, dans le domaine philosophique à une sorte d'athéisme basé sur la raison humaine. Il était lui-même mathématicien et homme politique et il ne comprit rien à ce qu'il put apprendre de la philosophie des Druides.

Ami de Cicéron et de Pompée il fit rire ces grands manieurs d'hommes en leur parlant de ce peuple qui avait longtemps méprisé l'or. Il a écrit sur la religion des Druides, dans des ouvrages qui sont perdus et son opinion a alimenté tous les écrivains qui suivirent. Ainsi les Druides furent connus dans l'univers, par l'intermédiaire de deux sceptiques, un discoureur et un militaire, également inaptes à être touchés par leur sagesse.

C'est ce qui est sans importance qui se transmet le plus aisément. Que les Druides aient eu plusieurs classes, des vatès, des devins, des bardes, et qu'ils aient été sous l'autorité d'un grand pontife qu'ils élisaient, on l'a répété à l'envi au cours des siècles. Ce qu'il faut retenir, c'est que tous les historiens de l'antiquité, Strabon, Pline, Diogène Laerte, Jamblique et après eux les pères de l'église, ont donné aux Druides de façon unanime, le titre le plus élevé dans l'ordre de la pensée, le titre de philosophes.

Au sommet de leur hiérarchie qui comprenait des poètes, des juges et des conseillers moraux et qui devait comprendre aussi comme tout clergé, des charlatans, il y avait un groupe directeur de savants et de philosophes qui se transmettaient les secrets de la science et de la métaphysique. Il fallait vingt ans d'études pour arriver à franchir le dernier degré de cette hiérarchie de sagesse. Et la révélation de ce qui était appris était interdite sous peine de mort.

Mais personne ne songeait à trahir les secrets dont il était instruit. Divitiac lui-même, le soi-disant Druide au bouclier qui fut le compagnon de César, ne révéla rien au conquérant, rien que celui-ci fût du moins à même de comprendre. Il est vrai qu'il ne savait peut être rien. Comme les prêtres de Babylone et ceux d'Egypte, comme les étudiants des monastères tibétains, les Druides savaient combien certaines vérités philosophiques peuvent devenir un poison pour les esprits non préparés, combien certaines applications de la science peuvent être destructrices. Le secret était gardé. La connaissance était orale. L'ignorance était respectée tant qu'on ne voyait pas en elle le germe de la transformation.

Le Bouddha n'a pas écrit, Pythagore et Jésus, non plus. La pure vérité cesse d'être pure vérité dès qu'elle se minéralisé dans la pierre des textes. Il faut le caractère ailé de la parole pour lui laisser sa vraie couleur et cette couleur est changeante, non par le fait de celui qui dit la parole, mais par le fait de celui qui la reçoit. La marque de la plus haute sagesse est dans cette prudence qui retient les éléments de la connaissance et les mesure à la capacité de réception de celui qui aspire à connaître. Il faut pleurer cette mesure perdue, la divulgation du savoir, la perle jetée aux pourceaux.

Mais à force de silence la doctrine des enfants du chêne aurait pu mourir avec eux. C'est un grand drame que celui de la transmission de la vérité et qui se joue depuis les origines humaines. Comment peser ce qui doit être donné, et quand il n'y a personne pour recevoir, que faire du don divin ?

Les principales données de la philosophie des Druides ont été conservées en Irlande où les Druides chassés de Gaule se sont réfugiés pour échapper à la «lumière ténébreuse» de la civilisation romaine. Elles ont été consignées par écrit durant le moyen âge et exhumées au siècle dernier*. Dans ces textes, qu'on appelle le livre du Bardisme, il faut démêler les influences chrétiennes et retrouver la vieille pensée Druidique, pensée anormale par sa pureté, étrange par son aspect orienta), opposée à nos mœurs, contraire à notre manière d'aimer la vie, la pensée éternelle des hommes sages.

* * *

Des arbres à la place de statues ! Des voûtes d'arbres à la place de temples ! Rien que des robes blanches pour les prêtres ! Rien que des cabanes de planches pour les abriter ! Comme le clergé chrétien dut mépriser ces misérables représentants d'un culte incompréhensible dont les liturgies étaient chantées par les vents, lui qui aussitôt né, se para de mitres, de crosses d'or et d'uniformes éblouissants.

Les Druides connaissaient le rôle tragique que l'or jouait dans le monde et l'intime rapport qui l'unissait au mal terrestre. La violence s'exerce rarement pour la possession d'un objet particulier, elle s'exerce pour l'or qui est la représentation de tout ce qui est désirable parce que l'or possède comme un pouvoir surnaturel de condenser le désir. Aussi, pendant des siècles, les Druides interdirent dans les Gaules la circulation de l'or et ils proclamèrent, comme une réalité menaçante, la malédiction attachée à ce métal.

Quand après les invasions Gauloises de l'Italie et de la Macédoine, les Tolosates des bords de la Garonne revinrent à Toulouse, la ville aux cinq faubourgs, rapportant l'or de l'orient qu'ils avaient pillé, ils ne purent garder leur richesse. Il leur fut enjoint de la précipiter dans un lac qui se trouvait au milieu de la cité. C'est sur l'emplacement de ce lac que, d'après la légende, quelques siècles après, fut construite l'église de Saint-Sernin.

Mais il vint un temps où les gardiens des antiques forêts ne purent résister à l'infiltration de l'or. Cela arriva bien avant l'invasion romaine, peut-être avec le retour des conquérants qui étaient partis avec Brennus.

---

* *Le Mystère des Bardes de l'île de Bretagne.* Traduction par Adolphe Pictet, Genève 1856.

Et ce fût le châtiment des pillages accomplis au loin.

L'or remonta le Rhône avec les barques. Sa poussière empoisonnée s'éparpilla le long des routes, pénétra dans les bourgs fortifiés qui les dominaient. Les beaux visages d'Apollon gravés sur les monnaies furent reproduits par des orfèvres que séduisit le maniement du métal royal. La malédiction fut oubliée.

La plus grande crainte de l'homme est la crainte de la mort. Or les Druides en avaient complètement affranchi les Gaulois. On peut dire que la peur de l'au-delà, de son silence et de ses ténèbres est la caractéristique des races d'occident. Si la philosophie Druidique demeurait le partage d'initiés, leur conception de la mort était populaire et les enfants, dès qu'ils avaient la conscience de vivre étaient instruits du peu de prix de la vie. Les Gaulois avaient réalisé l'opinion de Platon que le corps est une prison et ils étaient toujours prêts à quitter cette prison avec allégresse. Ils s'offraient à la mort pour le moindre motif, non parce que leur existence était dépourvue de bonheur, mais parce que des bonheurs d'une qualité supérieure les attendaient après la mort, s'ils avaient vécu avec bravoure et noblement.

Leur croyance en la vie future était absolue, certaine et ingénue. Ils empruntaient fréquemment de l'argent dont le remboursement ne devait être effectué que dans l'autre monde et le plus petit sentiment de duperie ne se glissait pas dans l'âme de l'emprunteur. Il y avait avec l'au delà de fréquentes communications. Les vivants écrivaient aux morts. Il leur suffisait de brûler leur lettre dans un feu sacré pour qu'ils soient assurés qu'elle parvenait plus fidèlement que par aucun service postal. Du reste ils en avaient la confirmation par les réponses des morts qui étaient communiquées de façon intuitive.

Les suicides étaient fréquents et il fallut les réglementer. Les Druides créèrent des conseils d'hommes figés devant lesquels se présentaient ceux qui voulaient se donner la mort. L'autorisation n'était accordée qu'en vertu de motifs valables qui étaient pesés et discutés avec soin. Et si l'autorisation était refusée il était bien rare que le candidat au suicide passât outre tant il craignait une punition posthume.

Les Druides avaient une sollicitude qui s'étendait à la vie future.

Ils plaçaient leur idéal dans la perfection humaine et ils s'efforçaient d'orienter vers cette perfection, même les âmes obscures des voleurs et des criminels. C'est ainsi que les condamnés à mort ne subissaient leur peine qu'après un délai de cinq ans. Les Druides pensaient justement que l'homme mauvais qui est précipité dans l'inconscience qui suit la mort avec des sentiments de violence et de haine n'est pas susceptible de s'améliorer et reviendra sur la terre aussi mauvais qu'il en est sorti. Aussi ils lui faisaient subir un stage de préparation à la mort.

C'est que la base de la philosophie des Druides était la croyance à l'immortalité de l'âme et à ses transmigrations sans fin. Et les hommes qui ont cette foi ont des mœurs totalement différentes de ceux qui ne l'ont pas. Leur vie a sa place dans une succession d'autres vies. Elle cesse d'avoir un prix inestimable puisqu'elle sera remplacée par une autre et cela à l'infini. La mort n'étant plus qu'un passage et une transformation, perd son caractère redoutable. Elle est un événement plein de curiosité qui peut, examiné sous un certain angle, être passionnant et même infiniment désirable.

Les Gaulois du temps des Druides, sans que cela pût être mis en doute, vu que tous les historiens de l'antiquité l'ont affirmé*, ont cru à la transmigration des âmes et à leur renaissance dans de nouveaux corps.

La théorie de la transmigration des âmes a une curieuse particularité. Exposée à certains esprits qui l'ignorent elle est aussitôt adoptée et considérée comme prouvée. C'est que ceux là, la portent en eux. Mais elle cause à d'autres une mystérieuse horreur. Ils préfèrent l'écarter, n'en pas parler, nier même qu'on ait pu croire en elle. Ainsi M. Camille Jullian qui accorde au témoignage de Jules César une foi aveugle ose pour la première fois émettre un doute.

On sent combien il aurait préféré que les Druides eussent une autre croyance. M. Philéas Le Besgue qui a publié une savante et intéressante étude sur le Druidisme† semble avoir la même répugnance. Beaucoup d'écrivains et de philosophes en présence de cette doctrine, à laquelle ont adhéré Pythagore, Platon et les Néo Platoniciens, se tiennent sur une

---

* Strabon, Valère Maxime, Jules César Diodore de Sicile.

† « Le Druidisme » a paru dans le n° de mars 1931 de la revue : *Atlantis*.

réserve dégoûtée. Une idée philosophique peut elle devenir vulgaire par le fait de ses fréquentations ? Celle-là fut-elle compromise par l'usage puéril qu'en ont fait certains spirites ? Mais peut-on imaginer Platon compromis ? Ou est-elle seulement tenue en suspicion parce qu'elle est contraire à l'Orthodoxie chrétienne ?

Jules César, dans les Commentaires, n'avait fait que noter en passant, négligemment, cette croyance sans importance, de peuples barbares.

Mais tout ce qui était incompréhensible s'éclaire grâce à elle. Nous nous sommes accoutumés à donner à la vie de notre corps un caractère sacré et à faire bon marché de la vie de notre âme sur la destinée de laquelle nous sommes incertains. Mais le contraire n'est-il pas plus logique ? La sagesse du monde Gréco-Romain disait avec le fantôme mélancolique d'Achille, qu'il valait mieux être un esclave sur terre qu'un roi chez les morts. Les Gaulois ne pensaient pas ainsi. Cela explique beaucoup de traits de leurs mœurs qui parurent insensés aux Romains. Ainsi quand un Gaulois de quelque importance était mort et qu'on brûlait sa dépouille, il se trouvait des membres de sa famille et de ses amis pour monter sur le même bûcher que lui. De la sorte ils étaient certains de passer ensemble par les mêmes transformations de l'au-delà. Les épouses hindoues ont pratiqué cet usage jusqu'à nos jours.

Et cela explique les sacrifices humains dont l'usage fut tellement reproché aux Druides. Ces soi-disant sacrifices n'étaient pas des immolations à un Dieu cruel mais des départs joyeux d'hommes avides de participer à la vie plus heureuse qui suit la mort.

La mode funéraire des Gaulois était la crémation parce qu'ils connaissaient le pouvoir séparateur du feu. Le feu en détruisant les atomes physiques du corps empêche le corps immatériel de retrouver sa forme en voie de désagrégation. Il éleva la barrière du néant. L'attachement à la vie pourrait obscurément pousser l'être dans les ténèbres qui suivent la mort, à rentrer dans la matière à laquelle il ne peut plus accéder. Le feu, en détruisant et en purifiant, rend cette erreur impossible. Plus les hommes ont le goût de la vie physique plus ils ont en eux un désir de tombeaux matériels, parodiant les demeures des vivants. L'aspiration à la vie future dans des conditions plus subtiles se traduit par le rite

funéraire du feu qui ne laisse subsister de l'être que ce qui est incorruptible et éternel. Le feu n'est du reste nécessaire que pour ceux qui
peuvent craindre l'appel terrestre, en vertu de leurs attachements. Pour
ceux qui de leur vivant ont appris à se détacher, il importe peu d'être
inhumé ou d'être brûlé. Ils ne peuvent être tentés de rentrer dans leur
misérable dépouille en décomposition.

Les Druides n'ont jamais cru à un Dieu cruel, semblable au Jéhovah
des Juifs ou à celui qui voue le pécheur au feu éternel de l'enfer. Le feu
ne durait qu'une minute, celle du bûcher. La divinité suprême était abstraite, infinie, inconnaissable, comme la cause première dans la religion Brahmanique. Il était inutile de la représenter par des statues ou
de lui élever des temples, parce que c'était la faire passer du domaine
des essences à celui de la matérialité. Dieu était l'esprit suprême dont
le monde, avec ses lois et ses formes, était émané.

La destinée humaine s'accomplissait dans trois mondes différents.
Sortant de l'incommensurable abîme l'être passait d'abord par Annw*
le séjour de l'inconscience où il transmigrait sans fin à travers les règnes
inférieurs. C'était une période anté humaine. Puis il devenait homme
dans le deuxième monde, Abred. Il y subissait de longues épreuves, il
changeait de forme dans la douleur et dans la joie jusqu'au moment où
en vertu de ses efforts, il atteignait un point d'équilibre qui représentait la conquête de sa liberté. Il avait alors la possibilité d'entrer dans le
troisième monde, Gwynfid, assimilé au soleil où il connaissait la pléni-
tude de l'être dans la claire ivresse de la compréhension. Il retrouvait là
le génie primitif, l'amour et la mémoire de son long passé.

Le philosophe grec Hécatée qui vivait plus de trois siècles avant Jésus-
Christ et dont il ne reste que de courts fragments, signale une étrange
et ancienne croyance des prêtres de la Grande Bretagne. Ces prêtres qui
étaient les Druides enseignaient qu'il y avait des montagnes dans la lune
ainsi que de profonds abîmes dont la force d'attraction s'exerçait sur les

---

* Je ne donne que pour mémoire ces noms Gallois, désirant m'abstenir le plus
possible de cette facile érudition dont tant d'auteurs font preuve en prodiguant
des mots inconnus, aisément recopiés, afin de donner l'illusion d'une science
profonde.

âmes des morts terrestres. Les morts au sortir de leur corps étaient appelés dans la région de la lune où ils séjournaient avant de revenir sur la terre. Mais pas tous. Ceux qui étaient prêts pour Gwynfid, étaient repoussés par l'influence lunaire et s'en allaient définitivement vers le soleil.

Les Druides entendaient sans doute symboliquement la puissance de ces abîmes lunaires. Mais il faut se rappeler qu'il y a dans les doctrines hindoues un monde de la lune et un monde du soleil dans lesquels les morts se répartissent en vertu d'une sorte de densité spirituelle.

Le Druidisme peut être apparenté au Brahmanisme primitif. C'est une philosophie essentiellement orientale et qui touche à une sagesse primordiale que nous avons de la peine à comprendre et que nous sommes tentés d'appeler folie.

« Non seulement les Druides proscrivaient l'écriture, ...mais ils interdisaient aussi le vin, les constructions en pierres équarries, l'usage de certains métaux, notamment peut-être le fer. Ils prohibaient les images*...»

Derrière ces défenses, qui paraîtront insensées aux esprits raisonnables, on peut retrouver l'esprit qui les a motivées.

Rien de durable ne doit être bâti par l'homme sur la terre. Les monuments, qu'ils soient pour le culte des Dieux ou le bien être des constructeurs, sont des édifices de vanité. C'est offenser l'esprit infini que de vouloir arrêter le cours de sa transformation éternelle. La vie est un passage rapide qu'il ne faut marquer par aucun symbole d'arrêt. Le voyageur qui va partir ne doit pas songer à planter un arbre ou à dresser une maison. Et il ne doit non plus être distrait de l'idée de départ en laquelle est toute beauté.

C'est dans le royaume intérieur de l'âme que les monuments doivent être dressés et que de plus hautes forêts que celles de l'Armorique doivent projeter leurs rameaux. L'or et le fer ne servent pas à la perfection. L'homme devient grand en restant simple, en devenant plus pur, plus intelligent.

Et ce n'est pas une doctrine de désespoir, celle qui enseigne la même allégresse pour mourir que pour vivre.

---

* Philéas Le Besgue.

La Disparition des Druides

Il n'y a pas d'histoire de la disparition des Druides ; pas de persécution célèbre. Les hommes aux robes blanches, habitants des forêts, semblent s'être effacés comme la pensée dont ils étaient les représentants. Par les routes, à travers les forêts, sur les barques, le long des rivières, ils remontèrent vers le nord pour gagner la Grande-Bretagne et F Irlande d'où ils étaient venus et qui ne résonnaient pas encore du bruit des haches contre le bois des arbres.

Jules César avait frappé lui-même un chêne dans la forêt proche de Marseille. Quelques siècles après, saint Martin fit solennellement couper un sapin non loin d'Autun, dans un endroit consacré à l'antique religion. Ces deux gestes sont symboliques de la double destruction du Druidisme par Rome et par le Christianisme.

Mais sans doute y a-t-il un âge pour les peuples comme il y en a pour l'homme. Une certaine simplicité de mœurs, l'enthousiasme de la nature, la foi en une vie future plus parfaite, sont le fait de la jeunesse. Avec la maturité vient l'amour de la jouissance dans le développement des passions.

Les villes devinrent de pierre ; sur les routes élargies s'organisèrent des relais et des hôtelleries ; les denrées circulèrent d'un bout à l'autre de la Gaule ; commerces se développèrent ; le bien être physique et immédiat fit reculer la promesse de bonheurs spirituels dans un monde sans forme. Et s'il faut beaucoup de temps pour passer d'un état matériel à un état où l'esprit joue un plus grand rôle, il suffit de quelques années pour la réciproque.

La Gaule fut la colonie qui adopta avec le plus de facilité et le plus de joie les mœurs de Rome. Plus une âme est ingénue plus elle est facilement corrompue.

La racaille romaine se jeta avec ardeur sur cette terre où César avait mis à mort la plus grande partie des hommes énergiques.

Comm l'Atrebate, le dernier représentant de la résistance Gauloise contre César, après avoir longtemps combattu en partisan dans les forêts du nord, se décida à traiter avec les vainqueurs. Il renonça à la lutte, à la condition qu'il ne serait plus obligé de rencontrer et même de voir de loin un Romain et cette condition lui fut accordée. Mais sa réalisation fut impossible car il y avait déjà des Romains partout. Où qu'il allât, Comm en rencontrait. Il rassembla ses partisans et prit le chemin de la mer pour gagner la Grande-Bretagne. Sans doute avait-il pris quelque revanche en s'en allant car César en personne, César irrité se mit à sa poursuite et le traqua jusqu'aux navires qui devaient l'emporter.

Or, quand lui et les siens montèrent sur ces navires, la marée était basse, ils étaient enlisés dans la vase et les aigles des légionnaires apparaissaient à l'horizon sur les collines prochaines.

Ce fut sa foi qui sauva Comm. Il déploya tout de même les voiles, malgré l'impossibilité évidente de voguer sur la vase. Les navires demeurèrent immobiles. Mais au loin César vit les voiles gonflées. Trompé par la distance, il crut qu'il arrivait trop tard et il rebroussa chemin. Le vent changea et la marée commença à monter. Le confiant Comm, outre la joie d'avoir dupé César, put traverser la mer, fonder un royaume en Grande-Bretagne et ne plus voir de Romains.

Beaucoup de Druides le suivirent. Ceux qui demeurèrent s'enfoncèrent dans les parties les plus profondes des forêts où s'étaient déjà réfugiées les Mères. Mais la vie de ces déesses Gauloises allait devenir de plus en plus précaire. On ne leur apporta plus le miel et le lait. Les légers fantômes féminins pâlirent au bord des sources, devinrent de plus en plus transparents au point de ne plus être perçus. L'âme de l'arbre s'enferma dans la contraction des écorces. Mainte chevelure qui ruisselait dans le jeu des plantes grimpantes cessa de s'enrouler en cascades d'or. Entre les dents des cailloux polis mourut le rire des fontaines.

Les communautés de Druides devinrent de moins en moins nombreuses. Les jeunes gens délaissèrent la science sacrée et les études arides. Ils n'apprirent plus par cœur les trois cents poèmes, récits d'exploits merveilleux et glorification de la race qu'il était nécessaire de savoir pour devenir un barde. Ils s'engagèrent dans la cavalerie gauloise, connurent

la joie de porter des uniformes, de prendre part à des défilés triomph-
aux, de voyager à l'occasion des guerres.

Pan, le grand Pan est mort! clama une nuit sur la mer Tyrrhénienne
une voix retentissante, sortie on ne sait d'où, qui fut entendue par les
passagers et les marins d'un navire qui avait pour capitaine un certain
Thamus. La voix nocturne et dont le caractère extra humain fut constaté par tous ceux qui l'entendirent, s'adressa d'abord directement au
capitaine Thamus et lui demanda : Thamus, es-tu là ? Et quand il eut
répondu en tremblant qu'il était bien là, la voix lui enjoignit, quand il
aborderait sur un rivage, d'annoncer aux hommes que Pan, le grand Pan
était mort. Et il y avait dans cette injonction la mystérieuse autorité
qu'on ne pouvait attribuer qu'à une force divine.

Le récit que fit Thamus de cette aventure étrange, vola de bouche en
bouche et le monde romain en fut vivement frappé. L'empereur Tibère
ordonna une enquête. Des sénateurs se rendirent dans les îles avoisinant
le lieu où avait retenti la voix, ils interrogèrent les témoins et ne purent
douter de l'authenticité du récit. On ne s'expliqua pas pourquoi Thamus,
homme ordinaire d'origine Egyptienne, marin peu porté au mysticisme,
avait été choisi pour l'annonciation de cette mort divine. Mais il y eut
des hommes sensés pour assurer que les Dieux manquaient parfois de
discernement dans le choix de leurs messagers et qu'une certaine ignorance des hommes pouvait bien être le propre d'un autre monde.

Une profonde réalité correspondait à la parole mystérieuse qui retentit
une nuit. Pan est mort en effet en même temps que naissait la pensée
chrétienne et avec lui l'espoir d'alliance de la nature et de l'esprit. Ce fut
au même moment que Tibère interdit l'exercice du culte des Druides
en Gaule. Ce fut un peu plus tard que Suetonius qui commandait les
légionnaires de Bretagne, détruisit la confrérie Druidique de l'île de
Mona sur la côte du pays de Galles.

Quand ses soldats furent sur le point de débarquer ils virent sortir des
forêts une longue file de Druides qui se groupèrent de façon circulaire
autour de leurs prêtresses. Les Druides avaient la main levée vers le ciel.
Les prêtresses tenaient des torches et prononçaient des incantations en
les agitant, appel de secours à l'élément feu. Sans doute la communauté

tentait-elle de repousser l'ennemi par la force d'un rite magique. Mais il n'y a pas de magie qui ne soit brisée par l'incroyance. Le rite ne fut pas assez puissant et Druides et prêtresses furent massacrés. L'historiens Tacite ne manque pas d'ajouter « que l'on détruisit les bois consacrés à leurs horribles superstitions. »

La sagesse des communautés primitives, que l'on retrouve plus tard dans les préceptes des Rose croix, enseignait qu'il fallait se conformer à la religion du pays où l'on se trouve. Le Christianisme ayant étendu sa toute puissance sur l'occident, les confréries des Druides se muèrent en couvents Chrétiens. L'Irlande et l'Ecosse, où les Druides s'étaient réfugiés, furent les pays des premières et des plus grandes abbayes. Elles englobèrent les antiques collèges d'astronomes et de philosophes.

En 1220, il y avait encore à Kildare un sanctuaire secret où brûlait un feu perpétuel, entretenu par des vierges qu'on appelait les filles du feu. L'archevêque de Dublin vint l'éteindre solennellement comme un reste des croyances passées. Or, avec la mort de cette flamme, coïncida la fin de l'extermination des Albigeois dans le midi de la France, par la croisade d'Innocent III. L'histoire se plait à marquer de ci de là par des symboles la correspondance du monde matériel avec le monde spirituel.

L'Héritage des Albigeois

Il y a un étroit rapport entre la pensée des Druides et celle des Albigeois. Ce n'est pas en vain que le Svastika se trouve gravé plus fréquemment qu'en aucune autre région de la France, aux environs de Toulouse, le long de la Garonne et dans les vallées Pyrénéennes. Sa présence sur les stèles des routes indiquait que l'esprit était passé là, et là où il est passé, il revient.

Les messagers qui, venus d'Orient au XIIe siècle apportèrent l'annonce de la réconciliation de l'homme avec le divin et indiquèrent la voie droite du salut, ne firent que ressusciter une vérité endormie et qui attendait d'être réveillée. Le Bulgare Nicetas, quand il vint organiser les églises albigeoises, livra ses secrets à des hommes qui les possédaient déjà dans les profondeurs de leur cœur.

Le pays d'Oc, était avec l'Armorique, la terre élue des Druides, celle où le mélange des Celtes et des Aquitains avait produit une race d'hommes purs et désintéressés où les yeux bleus couleur de rêve, s'alliaient aux chevelures brunes, couleur de force. Le Christianisme primitif n'eut pas de peine à les conquérir et si saint Sernin fut martyrisé au nom des Dieux Romains, sa basilique rayonnante s'éleva après lui en souvenir de ses paroles d'amour et devint le Palladium de Toulouse. Mais les hommes d'Oc furent aussi les premiers à souffrir de la corruption du clergé chrétien, de son faste et de sa cupidité, à comprendre qu'il n'y avait plus que des simulacres sur les autels et que c'était ailleurs que vivait l'esprit du Christ. Les messagers n'eurent pas de peine à leur montrer que c'était en eux-mêmes qu'il fallait le découvrir.

Il n'y a jamais qu'un petit nombre d'hommes que touchent les vérités spirituelles. Si l'on est fidèle à la doctrine des Druides comme à celle des Albigeois il faut penser que les âmes de ceux-là reviennent ensemble, à certaines périodes dans de nouveaux corps, pour des incarnations purificatrices. Ils forment des essaims qui se suivent et deviennent moins nombreux à mesure que les meilleurs d'entre eux atteignent le but, se sont dépouillés du désir, entrent dans le Nirvana des Indous, dans Gwynfid des Druides, le ciel ineffable de ceux qui ont reçu le Consolamentum Cathare, dans le monde des essences de Platon.

En réalité ces essaims devraient croître en nombre grâce au pouvoir naturel que l'homme qui possède une vérité a, de la répandre, grâce à cette vertu d'éclatement que l'on peut supposer à la vérité. Mais il n'en est rien. Les essaims diminuent par en haut et n'augmentent pas par en bas. La haine de ceux qui placent la jouissance au-dessus de tout, travaille à détruire la doctrine d'amour partout où elle apparaît et cette destruction se fait avec une hypocrisie si parfaite et une rigueur si inexorable qu'elle triomphe toujours.

L'esprit des Druides souffla sur la terre des arbres coupés du Nord au Midi, par la voix de quelques illuminés qui ne pouvaient pas s'empêcher de prêcher le message venu d'Orient et qu'ils vérifiaient dans le livre intérieur. Ce fut le grand drame de la guerre des Albigeois. Il se termina par la chute du château de Montségur où s'étaient réfugiés les Saints et les parfaits du Catharisme.

Il y a eu une transmission spirituelle des Druides aux Albigeois. Les hommes du XIIᵉ siècle, en cheminant sur les routes du Lauraguais ou celles du comté de Foix, retrouvèrent un héritage invisible. La voix des pères sages et simples sortit de la terre et leur parla. Et c'était l'héritage éternel que les Druides avaient eux-mêmes reçu des pères plus anciens.

Il est difficile de mesurer les chaînons d'une chaîne aussi secrète, d'établir avec des textes la filiation d'éléments aussi lointains et aussi divers. Depuis des millénaires les poèmes des Védas dans l'Inde étaient transmis oralement. Les Druides proscrivaient l'écriture. Si les Albigeois ont eu des livres, ils ont été brûlés dans les guerres puis dans les procès de l'Inquisition. Ce n'est que par des ombres de preuves que l'on peut joindre matériellement des hommes séparés par les distances et les siècles.

Mais les preuves d'une parenté de parole qui part de l'Himalaya et se répand sur le monde par l'intermédiaire de messagers existent pourtant, et, si on les ajoute les unes aux autres, elles donnent une certitude.

Il y a dans les poèmes Orphiques des vers qui semblent traduits mot à mot des hymnes du Véda*. Une biographie du Bouddha a circulé en Occident au XIᵉ et au XIIᵉ siècle et la version christianisée de cette biographie est le roman de Barlaam et de Joasaph†. On a retrouvé la formule d'abjuration exigée à Byzance des Cathares et il y a le nom du Bouddha à côté de celui de Manès‡.

Une sagesse, toujours la même, a circulé parmi les hommes leur disant les mêmes choses. L'âme est immortelle et elle doit passer à travers de nombreuses vies pour retrouver l'état divin. Comme il est dit dans les entretiens du Bouddha, comme il est dit dans l'Evangile, il faut mener une vie simple, mépriser les richesses, renoncer au désir, s'efforcer vers l'esprit.

Ceux qui se sont groupés pour se libérer par l'élan mutuel et instruire ceux qui ne savent pas, ont différé sur beaucoup de points. Mais si, en rompant les lois du temps, il était possible de réunir les moines du Tibet, les Thérapeutes du lac Maria près d'Alexandrie, les Esséniens de Mar-Saba près de la mer Morte, les Pythagoriciens de Sybaris, les Druides de la Gaule et les Albigeois de Montségur, certainement, malgré la différence des langues, ils se comprendraient sans peine. Et peut-être les membres de cette assemblée impossible à réaliser, seraient-ils vêtus de la même façon, avec la même robe de lin blanc, emblème de la pureté. Tous au moment du repas, demanderaient les mêmes aliments. Ils joindraient les mains de la même façon et regarderaient en eux-mêmes pour prier. Et à l'heure où le soleil n'est pas encore levé mais va bientôt paraître, ils accompliraient le même rite.

Ce rite, tous l'ont pratiqué et cette universalité est le signe qu'il doit avoir une singulière valeur. L'accomplissement d'un acte symbolique a un contre coup dans la vie spirituelle. Les hommes vêtus de blanc, quels que soient les temps et les lieux, un peu avant le lever de l'aurore, se sont tenus debout, le visage tourné du côté de l'orient et ont salué la lumière

---

* D'après Emile Burnouf.

† D'après Salomon Reinach qui, certes, ne peut être accusé d'imagination trop vive ! (*Mythes et Religions*, tome V).

‡ Ceci devrait convaincre ceux qui ne peuvent pas supporter l'idée que la pensée Bouddhique se retrouve dans le Catharisme.

matinale comme la venue de l'esprit. Et l'esprit est descendu en eux, par la puissance de l'invocation, dans la mesure où il devait être reçu.

Y a-t-il encore des hommes, de nos jours qui debout avant l'aurore, invoquent l'esprit qui se lève ? Et s'il y en a, où sont-ils ?

La Dernière Venue des Messagers

Comment expliquer le mépris et l'oubli dans lequel ont été tenus les Druides par leurs descendants ? Comment expliquer le ton négligent des grands historiens tels que Michelet et Camille Jullian à leur égard. A peine peut-on citer quelques écrivains comme Jean Reynaud, Alexandre Bertrand, Phileas le Besgue qui ont compris et aimé le Druidisme. Il en est pour la philosophie des Druides comme pour celle des Indes. Des esprits curieux l'étudient et l'expliquent avec abondance mais il y a entre les pages de leurs livres une hostilité cachée et parfois de la haine.

Le même mépris et la même ignorance ont frappé les Albigeois. Mais pour eux, on peut voir le mécanisme par lequel leur mémoire a été étouffée.

L'église a employé pour le Catharisme la méthode qui lui a toujours réussi avec les hérésies qu'elle jugeait redoutables. Elle a attribué d'une part aux Cathares des crimes étranges et affreux et elle a déformé leur doctrine.

Les Druides ont traversé les siècles avec l'accusation de sacrifices humains liée à leur nom. (Michelet va jusqu'à indiquer qu'ils « perçaient la victime au-dessus du diaphragme » et il énumère des détails tellement précis que l'on serait tenté de croire, sans l'invraisemblance de la chose, qu'il a été un témoin oculaire de la scène I) Mais l'église n'a pas exercé ses rancunes sur les Druides. S'ils sont haïs secrètement c'est à cause de la parenté de leur doctrine, parenté qui se retrouve chez les Albigeois, avec le Christianisme primitif.

Les peuples qui se disent Chrétiens ont une horreur fondamentale de la pensée du vrai Christianisme. Le Christianisme des premiers Chrétiens est éminemment antisocial et l'application de ses principes conduirait à une rapide dislocation de la famille, de la propriété, de la société. Son essence, comme celle du Druidisme et celle du Bouddhisme est une négation de la vie terrestre puisqu'elle place tout idéal dans la vie de l'au-delà.

Se détacher de ce qu'on possède ! Etre moins égoïste ! Jouir moins passionnément dans sa chair ! Jamais les hommes ne voudront consentir à ce qui apparaît à leur raison bornée comme une diminution d'eux-mêmes. Les grands missionnaires se présentent à travers les âges, ils enseignent la doctrine de renoncement et ils passent. On leur accorde, dans un coin de l'âme une vénération théorique et on s'efforce de les oublier.

Mais peut-être que les grands missionnaires cesseront de se présenter. Il faut un terrain favorable à l'éclosion d'un mouvement comme celui des Albigeois, issu de la pensée Druidique. Il se peut que la forme mécanique qu'a prise la vie actuelle soit à jamais contraire à cette éclosion. Il y a une folie du retour en arrière qu'on appelle la marche en avant, le progrès. La Gaule des Gaulois, malgré l'extermination sans exemple de Jules César, a accueilli avec ivresse les marchands et les percepteurs d'impôts romains parce qu'ils introduisaient des conditions plus favorables de vie physique. Plus on avance dans l'histoire et plus on voit décliner l'importance des facteurs spirituels. Au IVe siècle, on se battait à Alexandrie et à Corinthe pour des points de théologie. Ce temps est révolu. Rien d'approchant ne peut-être imaginé aujourd'hui. Plus on va, plus l'esprit perd de son importance. Les élites ne s'occuperont bientôt plus que d'économie politique.

Puis, il y a un terme à la course terrestre des purs et des bons. Ils sont venus, ils ont offert la lumière qu'ils possédaient parce qu'ils l'avaient appelée et cherchée avec amour, mais reviendront-ils ?

Dans notre pays, ces purs et ces bons furent les Druides et les Albigeois. Les Druides durant des siècles dont on n'a pas déterminé le nombre, ont fait de nos aïeux des hommes insouciants, libres, heureux. Longtemps après, les Albigeois sont apparus dans une seule province, celle où la terre avait gardé le vieil idéal des arbres morts, le détachement*, et on les a fait tous périr. Maintenant on ne voit pas la moindre trace d'une renaissance de la doctrine perdue. Il semble que la génération n'apporte plus que des âmes sorties on ne sait d'où, qui s'incarnent sous des crânes

---

* Le mot peut être pris dans les deux sens, matériel et spirituel. Le détachement est en propre l'idéal de l'arbre.

où ne palpite que le primitif appétit de jouir avec ses os, ses nerfs et sa chair. Il se peut que les admirables passants ne passent plus jamais.

De ci de là, quelques solitaires* tentent d'évoquer obscurément la sagesse de leurs pères. Mais c'est une nécromancie qui n'appelle que des fantômes inutiles.

D'ailleurs ces derniers défenseurs de la philosophie éternelle, manquant de « ces pièces d'archives », de « ces textes authentiques » dont se gargarisent les savants modernes, seront accusés de bâtir avec des légendes, seront appelés charlatans. Éclairé par des quinquets artificiels, le Druide jettera éternellement son gui dans le voile d'une Velléda de théâtre. L'Albigeois, plus inconnu, s'effacera de plus en plus, sur sa mystérieuse montagne de l'Allège.

Et c'est peut-être bien ainsi. Une si étonnante ardeur, une si patiente continuité à repousser cette forme élevée de la vérité est sans doute le signe qu'elle n'est pas faite pour les hommes à qui elle fut offerte. C'est une puissante et véridique parole, celle qui dit : « Nul ne doit être de force traîné au ciel ».

---

* Il y a en Bretagne un collège des Bardes de l'Armorique qui a rassemblé les débris de la tradition et essaie de la perpétuer. Les journaux illustrés ont publié récemment des photographies de leurs cérémonies. Je me suis jeté avidement sur elles quand elles ont paru. Mais horreur ! elles reproduisaient à peu de chose près les anciennes images surannées. Ce n'est pas une raison, toutefois, pour que le vieil esprit Druidique ne ressuscite pas dans ce collège.

MERLIN L'ENCHANTEUR

Le Fils de l'Incube

Les âmes de toutes les forêts n'étaient pas encore mortes au Ve siècle. Il en était encore d'assez vivaces pour qu'il naquît d'elles et cela au propre comme on va le voir, un Druide de génie dont l'activité anima toute la littérature d'occident, pendant les dix siècles qui suivirent.

Bien entendu beaucoup d'historiens, un grand nombre mais pas tous, ont nié l'existence de Merlin. Non pas à cause de sa paternité directement végétale, parce qu'on peut à la rigueur trouver une explication humaine à sa naissance, mais à cause d'un amour naturel de la négation.

L'épithète d'enchanteur s'est attaché au nom de Merlin et c'est une raison, aux yeux de l'histoire, pour que son existence soit mise en doute. Tout personnage qui pratique quelque peu la magie, même s'il est très grand, détruit par ce fait sa réalité historique. Ainsi dans l'antiquité, Apollonius de Tyane et Simon le Magicien. Dans les temps modernes, l'opinion que le comte de Saint-Germain et Cagliostro n'ont jamais existé et ne sont que des héros d'Alexandre Dumas serait accueillie avec une mystérieuse satisfaction et très vite adoptée. Il en sera de même dans un siècle, pour le moine Raspoutine.

Du reste l'existence de tous ceux qui jouent un rôle spirituel et ont la plus grande influence humaine est niée par une certaine catégorie d'incroyants qui sont irrités par le seul fait de l'existence, pourtant normal. Ainsi le Bouddha, Jésus-Christ, Pythagore, Zoroastre, Homère, Shakespeare et tout récemment Socrate*, ont été accusés de ne pas avoir eu d'existence réelle. Cela au fond, n'aurait pas d'importance si dans l'essence de cette négation ne se cachait pas un goût de diminuer les idées, de leur enlever de leur prestige en les rendant collectives. Mais si on examine ces négations, on s'aperçoit que les hypothèses formulées pour les défendre sont bien plus invraisemblables que l'hypothèse de l'existence du personnage, selon la légende, même si elle est émaillée

---

* E. Dupréel : *La légende Socratique*. Bruxelles, 1922.

d'un certain nombre de miracles. C'est souvent l'ennemi du merveilleux, le savant aux pièces d'archives, qui demande la plus grande somme de crédulité.

Voici comment naquit Merlin, selon la vérité légendaire traduite par l'évêque historien Gildas qui fut son contemporain. Malgré son livre qui est demeuré : *De Excidio Britannicae*, malgré plusieurs biographies écrites par des moines et que l'on possède, l'existence de l'historien lui-même a été mise en doute. Toutefois, comme il y en a trois, également saints, à la même époque et qui ont laissé des lettres et des livres, on peut penser qu'au moins un a vraiment existé.

Il faut savoir avant toute chose, qu'au Ve siècle en Grande-Bretagne, « il y avait dans un canton du pays des Silures, un esprit incube qui était amoureux d'une jeune fille ».

Nul n'ignore ce qu'est un esprit incube. C'est une créature de sexe mâle, mais d'essence extra humaine. Ce sont nos pensées qui créent les incubes en se matérialisant, bien que dans certains cas, il puisse en être autrement et qu'ils aient une autre origine. Ils sont alors d'une race plus vivace. Les incubes ont un don de possession physique auquel il est difficile de croire tant qu'on ne l'a pas éprouvé. Ce don est proportionnel à la qualité et à l'exactitude des images luxurieuses dont l'incube a été nourri. D'ailleurs, il n'est pas toujours sexuel et selon l'âme qui l'appelle et lui donne sa substance, il peut avoir un caractère de rêverie idéale. Mais c'est rare ; la vitalité génératrice étant l'élément essentiel qui lui permet d'arriver à la forme, ou a son illusion, ce qui est la même chose.

L'incubât et le succubat soulèvent d'abord la question de la réalité de leur existence. Malheureusement, ceux qui sont visités par ces créatures, le racontent peu et il est assez universellement admis parmi les esprits cultivés que, sans autre examen, on doit considérer cela comme superstition et folie.

Les facilités que la société moderne donne aux velléités d'amour physique de se réaliser a diminué dans des proportions énormes l'incubât et le succubat. Toutefois beaucoup de confidences de solitaires concluent à la présence nocturne d'un être qui aurait « presque » les attributs de la réalité.

Et il faudrait éclaircir tous les cas de jeunes filles qui, étant enceintes, jurent qu'elles n'en comprennent pas la raison et qu'il n'y a aucune cause matérielle à une naissance prochaine. En admettant que la plupart mentent pour quelque raison de famille ou pour tromper un fiancé confiant, il doit y en avoir un petit nombre — infiniment petit — qui ne mentent pas et ont été visitées par un incube. Car la preuve matérielle la plus certaine de la réalité de l'incube est cette capacité génératrice.

D'après Saint Augustin « la quantité et la gravité des témoignages qui attestent la réalité des incubes et des succubes rendent la négation presque impossible ».

Le Moyen âge a dans les archives de ses procédures un grand nombre de cas indéniables où des jeunes filles qu'on disait possédées, et rigoureusement surveillées à cause de cela, ont mis au monde des enfants incubes. Le fait d'avoir un père composé seulement de substance fluidique coagulée avait pour résultat, chez l'enfant, la petite taille, des yeux chassieux et très myopes et une méchanceté stupide.

Selon les pays on les appelait Selkind, Cambion ou Kikrops. Ces créatures vivaient peu de temps et ne progressaient pas. Elles avaient acquis dès leur naissance tout le développement dont elles étaient susceptibles. Il n'y a pas de trace d'elles dans les pays du midi, tandis que l'Allemagne en signale un grand nombre. Mais ce nombre a diminué avec les siècles.

Il y a dû avoir des Selkinds et des Cambions beaux et intelligents. Mais l'église les ayant assimilés à des démons, a préféré ne signaler que leur laideur et leur pouvoir de mal, conforme à l'idée populaire du démon. Mais ceux-là étaient issus peut-être d'une autre catégorie d'êtres dont faisait partie l'esprit incube signalé par l'évêque Gildas.

Cet esprit incube qui habitait la côte méridionale de Cambrie, hantait de préférence une vallée appelée la vallée de Basalik. C'était un génie de ces forêts qui se dressaient encore, immuables et hautes, autour des terres cultivées par les hommes. Il était connu et même célèbre puisqu'un autre auteur ecclésiastique de l'époque prétend avoir été en relation avec lui et avoir tiré avantage de ses qualités prophétiques. Les génies, appelés communément des Duz étaient tantôt d'ordre aérien, tantôt d'ordre végétal mais toujours d'une nature luxurieuse. Celui-là vit un jour une jeune fille et il s'en éprit.

Cette jeune fille était une prêtresse d'un culte local et Druidique. Ces cultes subsistaient en Grande-Bretagne, ils voisinaient avec le Christianisme et se confondaient avec lui. La jeune fille de la vallée de Basalik, connaissait comme ses pareilles, les dangers que recèlent les forêts pour les filles des hommes. Mais elle était prêtresse et se sentait peut-être physiquement attirée vers les génies qu'elle invoquait. Peut-être préféra-t-elle en toute conscience s'unir à un Duz qu'à un homme. Elle s'endormit un jour d'été à l'ombre des arbres et le Duz appelé par le rêve de la jeune fille vint à elle et la posséda pendant son sommeil.

Les prêtresses qui violaient leur vœu de chasteté étaient condamnées à la peine de mort. Mais il n'en était pas de même bien entendu si le vœu avait été violé avec un génie des arbres, ce qui, d'après les auteurs du temps, arrivait assez fréquemment.

L'évêque Gildas dont on tient le récit de cet événement fut obligé de respecter le caractère vénérable de cette paternité. Le peuple adhérait au Christianisme mais il respectait les génies de ses forêts. L'enfant issu directement des arbres vénérables avait un caractère sacré. On attendait de lui plus que d'un ordinaire fils d'homme. Le jugement populaire ne se trompa pas avec l'enfant que fut Merlin.

Le Maitre des Serpents

L'enfant conçu par la femme qui s'était endormie dans la forêt, reçut le nom d'Ambroise et le surnom de Merlin qui lui fut donné à cause des compagnons de son enfance. Merlin est le nom francisé de Marzin en Armoricain, de Myrdhin en Gallois, de Meller en Ecossais et il veut dire : celui qui vit avec les serpents.

Il y a un mystère dans les rapports des serpents et des hommes qui n'a jamais été entièrement élucidé. Dans tous les pays certains individus jouissent d'une autorité mystérieuse sur les serpents. Ils les appellent et ils viennent, ils les manient sans susciter leur colère et dans certains cas ils tirent d'eux des avertissements et des prédictions relatives aux événements futurs.

Ces individus ont existé dans tous les temps car on les voit mentionnés par les voyageurs de toutes les époques. On les appelait Marses en Italie et en Gaule, Psylles en Afrique, Ophiogènes dans les îles de la Grèce. Il y en a encore de nos jours un peu partout mais il semble que ce soit en Egypte et en Ethiopie qu'ils soient le plus nombreux. Ce qui est curieux c'est que leur pouvoir de charmer les serpents est héréditaire. Même quand ce sont des charlatans ignorants, ce qui est très souvent le cas, ils revendiquent une étrange alliance, qui aurait existé entre leurs aïeux et le peuple des serpents.

Actuellement un voyageur qui descend dans un hôtel quelconque du Caire a beaucoup de chance, en s'adressant au portier, d'être mis en relation avec un homme d'aspect misérable qui accomplit un phénomène assez surprenant. Il se rend dans l'endroit qu'on lui désigne, un jardin ou un champ cultivé même très éloigné et quel que soit cet endroit, ayant récité à demi-voix et comme pour lui-même, un mantram en une langue inconnue peut-être de lui, il fait sortir de terre des serpents. Ces serpents sont parfois nombreux et viennent docilement s'enrouler autour de ses bras. Si on demande à cet homme l'explication de son pouvoir, il parle de sa filiation avec le roi Salomon, dont la domination s'étendait sur les serpents.

Ce n'est pas le lieu de traiter ce sujet passionnant. Mais on peut remarquer que si, de nos jours, être charmeur de serpent est un métier décrié ou si les rapports avec les animaux de cette espèce sont laissés à des gardiens de ménagerie et à un petit nombre de naturalistes, il en fut autrement à d'autres époques, plus éclairées que la nôtre, à certains points de vue. Les sages les plus éminents s'appliquaient à la fréquentation des serpents et ils y trouvaient des profits d'ordre spirituel que nous avons de la peine à imaginer. Nous ne connaissons rien des méthodes qui étaient les leurs. Du reste la seule idée qu'il puisse y avoir des méthodes pour communiquer avec des serpents ne pourrait que provoquer la gaîté des hommes raisonnables qui s'intitulent savants. Et je suppose que les quelques naturalistes qui se sont spécialisés dans l'étude des serpents sont unanimement prêts à déclarer que seule est intéressante chez eux la connaissance de leurs venins et leur utilisation par la médecine.

Pourtant il y eut dans l'antiquité des hommes qui tirèrent de leurs rapports avec les serpents des avantages dans l'ordre de la clairvoyance et de la divination. Peut-être partaient-ils de ce principe que si l'on s'adresse à un animal pour un résultat qui n'est pas d'ordre matériel, ce n'est pas à lui-même qu'il faut s'adresser, mais à l'âme collective de son espèce. Ils devaient savoir que le langage n'est alors fait ni de sons ni de signes. La communication devait s'établir par des états d'extase. Le légendaire pacte d'alliance avec les animaux, dont la tradition demeure confusément dans l'âme du Bohémien qu'on rencontre au bord de la route, de l'Egyptien diseur de bonne aventure, devait avoir toute sa force. Entre toutes les espèces, celle des serpents a une vertu relative à la puissance d'intelligence. Ce n'est pas en vain que la légende hébraïque fait jouer un rôle capital au serpent dans l'antique récit de l'arbre du bien et du mal. L'âme collective des serpents est une puissante entité plus subtile que celle des autres espèces animales, plus désireuse de la nourriture spirituelle que l'ordre divin ne lui permettra de goûter que dans des cycles postérieurs. Si chaque âme d'espèce a déjà adopté un mode de transformation qui lui est propre c'est le goût de l'intelligence qui domine dans l'âme du serpent et le venin n'est peut-être que la forme physique de sa rage impuissante à s'acheminer si lentement vers l'esprit, à stationner pendant des myriades d'années dans l'animalité rampante.

Mais cette âme, malgré les bornes imposées par les inéluctables lois cycliques, est pleine de sagesse, chargée de connaissance. Non pas l'âme d'un serpent bien entendu, limitée à sa nourriture, à ses œufs, au rayon de soleil qui le chauffe, mais l'âme collective de tous, depuis les fragiles, qui ne songent qu'à mordre avec des dents empoisonnées, jusqu'aux énormes qui aspirent ardemment à l'amitié des hommes.

Il y eut, dans des siècles révolus, des hommes mieux informés que nous des forces invisibles, plus en rapport avec l'âme du monde et les âmes diverses dont elle est formée, qui obtinrent des sagesses animales, certains secrets auxquels l'homme ne pouvait individuellement parvenir.

De ces magiciens antiques fut sans doute ce roi Psyllus dont parle Pline dont le tombeau existait encore de son temps. Ce Psyllus qui a donné son nom aux Psylles est à l'origine de la légende du pacte. C'est lui qui fonda l'école de magie dont l'enseignement se répandit en occident. Peut-être communiqua-t-il avec des Druides et leur enseigna-t-il une méthode que l'on retrouve de nos jours chez tous les charmeurs de serpents. Ils commencent par entrer en état de transe et se servent soit des parfums, soit de la musique pour faire partager cette transe aux serpents sur lesquels ils agissent. Les voyageurs Bruce et Forskhal, parlant des charmeurs d'Abyssinie où doit demeurer la tradition de Psyllus, disent que c'est en se baignant dans le suc de certaines herbes qu'ils obtiennent leur pouvoir sur les serpents. Mais il ne s'agit là que du pouvoir matériel. La communication psychique, la rencontre de l'âme collective sur un plan différent du plan humain, s'obtenait par l'intermédiaire des parfums. Et cela fait partie des secrets perdus, d'autant plus perdus que le seul énoncé de leur existence fait douter de la bonne foi de celui qui l'énonce.

Au temps de Merlin, le titre d'homme des serpents, n'était pas un médiocre titre. Les forêts de Grande-Bretagne avaient résisté à la hache humaine et s'étendaient encore jusqu'au seuil des mers. Les serpents en étaient les habitants nombreux et redoutables, et celui qui avait fait alliance avec eux participait de leur puissance.

Peut-être Merlin a-t-il dû aux pouvoirs de divination qu'il tenait d'eux, la grande renommée qu'il eut dès sa jeunesse. Malheureusement les écrits ecclésiastiques qui parlent de lui ne permettent de connaître que les grandes lignes de sa vie. Élève des Druides, et Druide lui-même, Merlin reçut dans les collèges de ces sages la science qu'ils détenaient. Il apprit les vingt mille vers où étaient enfermées l'histoire et la philosophie du passé, de la bouche de Taliésin, de Lywarch-Hen, d'Aneurin, les Druides dont les noms nous sont restés par les malédictions de l'évêque Gildas.

La Grande-Bretagne luttait alors contre les invasions saxonnes. Le Gnortigern, le chef militaire des tribus, l'appela auprès de lui comme conseiller. Quand ce chef mourut, il demeura avec son successeur qui est connu sous le nom du roi Arthur.

C'est alors qu'une lampe se rallume, la flamme antique des initiations perdues, flamme sans cesse éteinte toujours renaissante. L'esprit de sagesse n'est pas mort, il doit être éternellement porté à travers la terre, si grande que soit la barbarie et l'ignorance, par les messagers désintéressés. On est dans les temps les plus ténébreux de l'histoire humaine. Partout, venant du nord, des hommes blonds aux cheveux tressés, sont arrivés en troupes innombrables, saccageant les villes, détruisant les temples, s'acharnant sur les statues, surtout sur ce qui est un emblème spirituel ou une image de beauté. A Athènes on a fermé les écoles de philosophie et les derniers maîtres de la pensée ont été obligés de s'exiler en Perse. La bibliothèque d'Alexandrie a été incendiée. Le Christianisme a vu sa première vague se perdre dans la dureté humaine et il se minéralisé en dogmes et en hiérarchies.

Il faut pourtant que l'esprit soit sauvé, qu'il y ait des hommes forts pour le défendre, des hommes saints pour le révéler. Les Druides vont changer d'aspect. Ils transmettront le message sous une forme nouvelle et cette forme se présentera sous le signe de Jésus.

C'est le Druide Merlin qui donne le premier mot d'ordre en instituant les chevaliers de la Table Ronde, monde s'est transformé. L'idéal repose maintenant dans le vase mystique du Graal. Mais peu importe la forme extérieure de son symbole, peu importe que ce soit le vrai sang du Christ ou l'illumination de l'esprit. L'essentiel est qu'il y ait des hommes pour croire en lui*.

---

* L'union des serpents et des premiers hommes sages est attestée par mainte légende. Dans l'Inde, les Nagas de la ville de Nagpour, qui furent les ascètes primitifs, sont représentés avec des têtes d'hommes et des queues de serpents. L'antique encyclopédie Chinoise donne les portraits de ses premiers initiateurs. Ils sont aussi mi humains, mi serpents.

Les Iles Mystérieuses

On retrouve à plusieurs reprises, dans les vies légendaires de Merlin, des allusions à des îles mystérieuses, à des îles où l'on va chercher le salut, habitées par des hommes sages et purs ou des prêtresses magiciennes. C'est tantôt l'île de Sena ou île de Sein, tantôt l'île d'Avalon, tantôt d'autres îles qui ne sont pas nommées et sont placées quelque part, du côté de l'Occident, parmi les brouillards des mers inconnues.

Quand Merlin doit remettre au roi Arthur une épée magique qui lui donnera la victoire, il s'embarque pour l'île d'Avalon. C'est là seulement, au sein d'une école de Druides qui vivent retirés dans la solitude de l'île, que pourront être accomplis les rites dont l'épée tirera sa puissance. Cela n'est évidemment que l'épisode d'un roman de chevalerie mais peut cacher une part de vérité.

Les îles, par la protection qu'offrait leur situation, furent toujours les refuges des sages, désireux de s'adonner à l'art et à la science, loin de la sauvagerie des hommes. C'est dans les îles que les voyageurs font la rencontre de personnages doués de pouvoirs qui leur semblent surnaturels. C'est là aussi que se cache la science Druidique à son déclin.

Dans l'Odyssée, Ulysse, après un long voyage arrive dans un pays où les nuits sont plus courtes. Il atteint l'île d'Ea, qui est habitée par la magicienne Circé et par d'autres magiciennes. Tout le monde était d'accord, à l'époque romaine, pour placer l'île d'Ea au point occidental extrême de la Gaule. Ce point est l'île de Sein.

C'est dans cette région que l'on situait l'île mystérieuse des Bienheureux où se rendaient après la mort les âmes de ceux qui avaient mené une vie pieuse. Là, parmi les peupliers argentés et les myrtes nuageux, les morts antiques goûtaient un bonheur un peu triste, d'autant plus triste qu'il devait être éternel.

Sur les indications de Circé, Ulysse atteint un rivage magique à un jour de navigation de l'île de Sein, où les morts accourent dès qu'il a répandu le sang dont la vapeur les nourrit, et qu'il a accompli les rites nécessaires pour qu'il puisse les voir et les entendre. Et c'est encore sur une île hyperboréenne que le héros d'Homère s'entretient avec ses anciens compagnons défunts et recueille les impressions profondément mélancoliques que leur laisse la vie dans l'au-delà. Car telle est la différence des âmes, selon les races où elles sont venues s'incarner. La vie après la mort est un état misérable pour les grecs. Elle apparaît aux Gaulois de la même époque sous un aspect sportif et joyeux.

L'historien Mêla d'autre part, place dans l'île de Sein neuf prêtresses qui s'étaient spécialisées dans la divination et avaient coutume de dire l'avenir aux navigateurs qui s'arrêtaient dans leur île. Strabon parle d'une île exclusivement habitée par des femmes située à l'embouchure de la Loire. Cette île était l'île de Batz et les femmes étaient des Druidesses.

Ainsi les îles entourant la Gaule abritaient des collèges secrets où se rendaient les Druides les plus instruits et où vivaient les jeunes filles vouées à la virginité afin de développer ces dons de clairvoyance qui sont toujours inséparables d'une vie chaste. C'est ce qui donna à ces îles cette auréole de mystère et fit que dans les légendes et les romans du moyen âge, le chevalier qui avait besoin pour ses armes, d'une consécration magique, s'embarquait avec un guide à longue robe et à longue barbe, symboles de sagesse, pour gagner par delà les flots une mystique citadelle de vérité.

Si toutes les îles mystérieuses sont placées à l'occident, après cette muraille de granit que devient la terre Armoricaine en face de l'océan, il y eut tout de même des collèges de Druides dans les îles de la Méditerranée. L'un d'eux occupa les îles de Lérins, en face de Cannes, bien avant l'arrivée de Saint-Honorat. Ce collège voisina avec un temple dressé en l'honneur d'un héros fabuleux, Lero, dont les ombres des temps voilent à jamais l'histoire. Ces Druides partirent avec les premières invasions romaines. Pline dit que de son vivant on gardait sous le nom de ville des vierges les souvenirs d'un groupement de femmes qui aurait habité l'île de Lero, mais dont il ne restait plus de traces.

Il faut noter que quand Honorât vint fonder une abbaye dans une des deux îles de Lero qui depuis garda le nom de Lérins, il y trouva un nombre prodigieux de serpents qu'il se hâta de détruire. Ces serpents, comme ceux des Psylles, comme ceux des prêtresses de Dyonisios en Thrace, comme ceux qui donnèrent leur nom à Merlin, étaient des serpents autrefois sacrés et devenus sauvages par l'abandon des prêtres qui avaient fait alliance avec eux.

Des sages avisés, au lieu de moines aveuglés par leur haine du paganisme, auraient tenté de renouer l'antique pacte. Personne n'y songea.

Brocéliande et Viviane

C'est dans un passé très lointain qu'il faut chercher l'origine d'une certaine forme de stupidité qu'il est convenu d'appeler l'esprit français, cet esprit français qui, lorsqu'il s'incline vers la grossièreté, reçoit le nom d'esprit Gaulois. L'histoire de Merlin est un curieux exemple de la déformation de la véritable sagesse de nos pères au profit d'une manière de penser qu'apporta le scepticisme de la société romaine, qui se développa avec le christianisme et étouffa au cours des siècles cette pureté joyeuse basée sur la fraternité avec la nature qui était caractéristique des Gaulois d'avant César.

Quand les romans de Chevalerie commencèrent à interpréter l'histoire de Merlin, la compréhension était déjà perdue. L'effort de tous les auteurs de poèmes, Robert de Boron, Chrétien de Troyes, Wolfram d'Eschenbach et de tous les écrivains anonymes, a tenté de christianiser le Druide et de transformer le sens de sa légende. On lui a imposé une conception de l'amour féminin telle que le concevaient les romans de chevalerie et qui ne pouvait être la sienne. On a fait de ce sage philosophe un vieillard possédé de séniles désirs.

On a transformé la fée Viviane symbole de l'intelligence, en un personnage de courtisane affolante. D'ailleurs ce fantoche féminin doit être une forme quasi éternelle des désirs populaires ainsi que de la littérature inférieure qui les flatte. De nos jours encore, il demeure la base des pièces de théâtre et des films célèbres et nos grands psychologues en font inlassablement de nouvelles créations, toujours trouvées originales. Enfin on a imaginé que Merlin, converti au Christianisme par de saints personnages, avait renié ses erreurs philosophiques et était rentré dans l'église.

Ce fut le mauvais destin des Druides comme de Merlin de n'avoir que des historiens sans amour véritable pour l'essence de leur pensée et incapable de revivre une manière d'être étrange et inconcevable pour nous mais qu'il faut pourtant tenter de retrouver si on veut les comprendre. Je n'en citerai qu'un exemple, à propos de M. de la Villemarqué, historien de Merlin au XIXe siècle dont l'opinion est une autorité sur le sujet.

C'est à propos de l'état d'exaltation extatique dans lequel se mettaient les bardes Druidiques pour obtenir des phénomènes de divination et entrer en communication, sur un autre plan, avec des créatures d'un ordre différent de l'ordre humain. D'une façon générale ces exaltations pour atteindre l'extase étaient pratiquées dans la plupart des cultes de l'antiquité. La sortie du corps était un exercice élémentaire. Il n'y avait aucun candidat à une initiation religieuse qui ne dût connaître des procédés d'extériorisation pour parvenir à un plan plus subtil. Tout ce qu'on sait de la science Druidique fait penser que les Druides trouvaient dans ces états des moyens de communication avec les âmes végétales et animales. Il parait que de nos jours en Bretagne, en vertu d'une survivance obstinée, certains états d'enthousiasme, sont encore appelés mal de Merlin.

Les poèmes du Moyen Age parlent de la folie de Merlin. Cette folie ne dut être que sa faculté d'entrer dans un état de transe lyrique et divinatoire. Mais que penser du ton d'indignation grave et contenue de M. de La Villemarqué, parlant d'un barde inspiré, dans un état de transe semblable. « Est-il besoin d'ajouter que cet halluciné fut conduit de la vision à la folie furieuse et de la folie à la mort. » Et questionné sur ce qu'il fallait penser de ces états M. de la Villemarqué se retranche derrière l'opinion de François de Salles. « Il ne faut pas s'étonner si le malin esprit, pour faire le singe, tromper les âmes, scandaliser les faibles, opère des ravissements à quelques âmes peu solidement instruites en la vraie piété. »

La véritable histoire de la vie de Merlin est peu connue. Il lutta avec le roi Arthur contre les envahisseurs Saxons de la Grande Bretagne. Mais peut-être le détail de ses actions ne serait-il d'aucun enseignement. Ce sont ses prophéties et sa disparition qui lui ont valu un rayonnement immense pendant dix siècles. Ses prophéties qui circulaient oralement furent publiées au XIIe siècle. De mêmes que celles que devait faire plus tard Nostradamus elles ont un caractère sibyllin. Tout prophète un peu avisé donne à ses prophéties le caractère ambigu qu'a le destin lui-même. L'ambiguïté des prophéties de Merlin leur permit longtemps d'être véridiques. Nous pouvons nous rendre compte maintenant que sa prophétie essentielle ne se réalisa pas. Il avait annoncé la défaite des Saxons et des races étrangères qui opprimaient la Grande Bretagne et la victoire des premiers habitants de l'Armorique. Cela n'arriva jamais. Mais au cours des siècles plus d'un événement politique fut reconnu avoir été annoncé par Merlin. Et même s'il n'y eut pas une coïncidence exacte entre les prédictions et les événements, ses prédictions, favorables à la race Bretonne, furent animées par la foi populaire et donnèrent un aliment d'espoir consolateur qui se perpétua pendant des siècles. C'est le véritable rôle des prédictions.

Merlin eut la sagesse de ne pas mourir mais de disparaître. Ainsi avaient fait d'autres sages quand leur heure était venue. Empédocle alla faire une promenade au bord de l'Etna et ne revint pas. Apollonius de Tyane entra dans un temple, à Dictynne pour y méditer et il disparut. Le philosophe hindou Sankaracharya ne ressortit jamais d'une caverne où il avait pénétré. Après la bataille d'Arderidd où l'on croit que mourut le roi Arthur, Merlin déclara qu'il préférait désormais vivre avec les animaux de la forêt qui lui paraissaient moins féroces que les hommes, et il s'enfonça dans la forêt de Brocéliande dont il ne devait plus ressortir.

La forêt de Brocéliande est située entre Rennes et et Brest, aux environs de la petite ville de Montfort et elle s'appelle aujourd'hui la forêt de Paimpont. Taillée, morcelée, traversée de chemins, c'est maintenant une petite forêt productrice de coupes de bois. Mais au ve siècle c'était un lieu aux profondeurs inaccessibles, dont il fallait connaître les secrets pour y pénétrer.

Là devait s'être réfugié un groupe des derniers Druides de la Gaule, une communauté cachée à laquelle appartenait sans doute Merlin. Il ne fit que revenir parmi les siens pour terminer sa vie loin de la barbarie du monde qui allait grandissant.

Combien de temps se perpétuèrent les Druides de la forêt de Brocéliande, à côté de cette fontaine de Baranton dont l'eau avait la propriété de donner une éternelle jeunesse ? Nul ne peut le savoir. Les habitants du voisinage qui créèrent la légende surent seulement qu'au cœur de la profonde forêt où s'aventuraient seulement quelques bûcherons, vivaient des hommes plongés dans des études inaccessibles, dans de mystérieuses contemplations. Ils retenaient seulement que l'activité inexplicable de ces hommes avait pour but l'intelligence, ce principe auquel ils n'avaient qu'un très vague accès, qui leur paraissait même terrible, mais auquel ils attribuaient des qualités de lumière et de beauté. Sous les arbres centenaires, ils se représentaient des hommes toujours jeunes par l'activité de la recherche, qui développaient l'intelligence mystérieuse. Le principe de lumière devint à la longue pour eux, de plus en plus confus. Ils se montraient, par les spirées obscures, une vague clarté qui flottait au-dessus de la forêt, argentant la cime des chênes géants. Cette clarté se personnifia en une fée qui fut la fée Viviane.

Merlin ne ressortit plus de la forêt de Brocéliande. Nul ne le revit. L'intelligence, avec les puissants attraits de l'étude, les paradis sans limite de la contemplation mystique, le retenaient prisonnier. Il habitait désormais le palais magique de l'esprit, palais dont les imaginations des poètes ne pourront peindre la beauté. Les auteurs de roman de chevalerie tenteront, avec les ressouvenirs des palais entrevus à Antioche et à Jérusalem durant les croisades, de faire se dérouler des escaliers de marbre, des colonnades de porphyre peintes, le long de galeries pavées de mosaïques. Ils ne feront que matérialiser une splendeur idéale qui ne ressemble pas à leurs inventions romanesques. Ils feront marcher sur les mosaïques des princesses aux cheveux tressés. Mais tout le rêve qu'ils donneront à leurs attitudes ne pourra déguiser l'attrait charnel de leur corps. Des héros recouverts d'armures, auront traversé la terre pour apporter un talisman et repartir, à cause de quelque mission divine. Nul ne sera dupe de leur parole. Chacun saura qu'ils sont les annonciateurs du règne de la force, qu'ils poursuivent la possession des biens temporels, avec un prétexte divin.

Les auteurs de romans vont transformer la lumière flottant au-dessus de la forêt, la pure lumière devenue la fée Viviane en une femme de chair qui incarnera le plaisir matériel des sens. Après quelques siècles le symbole aérien cesse d'être compris. Si Merlin s'est retiré dans la forêt, s'il a désiré terminer sa vie loin des hommes, ce ne peut être que parce qu'il a voulu se consacrer au plaisir de la femme, que parce qu'il a rencontré Viviane, la femme de plaisir. Et sous cette forme, Viviane est devenu l'idéal secret de chacun. Le véritable esprit Gaulois est mort. Le pacte avec la nature est désormais muet et incompréhensible. Nul ne peut s'expliquer que le sage se retire pour étudier et méditer. S'il se retire du monde ce ne peut être que pour jouir matériellement auprès d'une femme séductrice dont les seuls enchantements sont ceux de la volupté.

Quand Merlin disparait, les ténèbres, venues de l'intérieur des âmes ont recouvert non seulement la Gaule, mais l'Europe. Le Christianisme primitif s'est évanoui et ceux qui en portent la flamme dans leur cœur se sont réfugiés dans les couvents. C'est dans les couvents que la force spirituelle du monde se cache et s'immobilise. Les églises se dressent dans les villes avec leurs ornements d'or, les chasses d'or de leurs reliques, les uniformes d'or de leurs évêques. Le règne de la force commence. C'est le temps des mauvais rois et des mauvais empereurs. Il ne va plus y avoir pour longtemps que des parodies d'art et des caricatures de philosophie. Charlemagne va paraître. Des barbares Goths et Germains réunis autour de lui, formeront une académie, germe des académies futures, où Charlemagne s'appellera le Roi David et dont les membres prendront les noms d'Homère, de Platon et des grands hommes de l'antiquité, afin de couvrir leur ignorance sous des appellations fallacieuses.

L'esprit Druidique est bien mort. Merlin est allé retrouver les derniers Druides dans cette forêt de Brocéliande qui plus tard, sera dépouillée même de son nom. Et ce départ est un symbole plus vaste de ce qu'il advient à certaines périodes de l'histoire. Il y a des moments où les peuples sont abandonnés par l'élément spirituel qui les dirige. Les conditions de l'existence deviennent parfois si étouffantes, si matérielles, qu'une certaine catégorie d'hommes n'y peut vivre. Ils disparaissent alors pour aller dans d'autres pays et ils ne s'incarnent plus dans les races d'où l'esprit est banni.

Il en fut ainsi pour les Druides. Merlin est le dernier qui nous soit connu. Mais avant de disparaître, il jeta les bases d'un groupement secret qui devait permettre, parmi les ténèbres des siècles qui allaient venir, à la vérité d'être transmise, à l'intelligence de se perpétuer. Quand l'ignorance triomphe et que la force domine, il faut que la lampe de l'esprit ne soit pas éteinte et que ses messagers puissent se la passer de main en main.

De cet ordre secret fondé par Merlin on ne sut véritablement que le nom : l'ordre des chevaliers de la Table Ronde. Peut être ne s'appelait-il pas ainsi et n'avait-il pas de nom. Le détail matériel d'une table de forme arrondie dans un but d'égalité pour ceux qui y siégeraient, est ce qui frappa les esprits, malgré son peu d'importance. On a retenu la forme de la table autour de laquelle les hommes étaient réunis sans se demander pourquoi ils se réunissaient exactement. C'est par cet ordre, dont on a fait sans raison un ordre de guerriers, car ce n'est pas à coups d'épée qu'on conquiert la vérité, que la tradition Druidique, la pure tradition de la terre Gauloise devait se perpétuer. Et cette tradition qui contenait le secret du salut, le chemin qui mène l'homme à l'état divin, reçut le nom symbolique de Graal.

Merlin pouvait dormir dans la forêt de Brocéliande. Il avait accompli la tache qui incombait au dernier Druide. Le secret essentiel contenu dans le Graal serait transmis à ceux qui en seraient dignes. L'ordre de la Table Ronde était chargé de cette transmission que les hommes ignorants ne devaient pas connaitre. Si peu nombreux que soient les intelligents perdus dans les temps barbares, ils trouveraient à leur heure l'enseignement auquel ont droit ceux qui aspirent avec sincérité à la lumière divine.

Merlin selon la légende primitive, avait gagné rameur de la fée Viviane. Et il importait peu qu'il soit vivant ou mort. Car une fois qu'on a atteint l'intelligence on la garde avec soi qu'on soit mort ou vivant.

Et même on la possède plus complètement si on est mort.

LA LÉGENDE DU GRAAL

Le Secret de Jésus

Il y a un secret libérateur qui a été transmis depuis le commencement du monde.

Les premiers hommes qui furent projetés sur la terre, soit en vertu d'un jeu divin, soit par suite de quelque péché originel, avaient reçu, avec la clef d'une porte invisible, le moyen de ressortir de l'univers terrestre. Et cette clef qui n'était faite d'aucun métal, devait rester secrète. Sa possession, apanage d'un petit nombre, était le principe des mystères essentiels, l'objet d'une transmission sacrée. Il y avait quelque chose, talisman mystique, prière aux résonances profondes, paroles animées de pouvoir, qui n'était compréhensible que pour quelques sages et qui devait être transmis par eux à d'autres élus.

Pourquoi le secret ne devait-il pas être révélé ? Etait-ce parce qu'il ne serait pas compris ? Mais l'interdiction était alors inutile, et tombait d'elle même. Etait-ce en vertu du désir des privilégiés de la connaissance de garder leur privilège ? Mais on verra que la nature du privilège était telle, qu'il était perdu aussitôt reçu. N'était-ce pas plutôt parce que le secret avait peut-être en lui quelque chose de contraire à l'ordre divin et violait une loi fondamentale de la nature ?

Le secret a cheminé à travers les âges. Tous les grands maîtres l'ont connu et révélé à leurs disciples. Et même les plus grands maîtres, comme le Bouddha et après lui Jésus, n'ont pas hésité à le rendre public. Ils ont violé alors le principe qui a régi les mystères dans tous les âges.

Le Bouddha et Jésus ont dû être considérés par d'autres maîtres sans célébrité comme des divulgateurs imprudents et oublieux de l'antique serment. Ces maîtres ont dû redouter que cette sorte de trahison ne fut la source de grands maux pour l'humanité. Mais s'ils croyaient à l'incompréhension humaine ils n'imaginaient pas qu'elle atteignît ce degré surprenant. Le secret fut révélé et l'on s'aperçut que cela ne changeait presque rien, de par le monde. Un certain ordre de vérité sublime peut être affiché à tous les carrefours, sans modifier la béatitude bornée des passants.

J'enseigne une doctrine de délivrance, avait dit le Bouddha. Mon royaume n'est pas de ce monde, avait dit Jésus. Or, les hommes ne songèrent nullement à être délivrés et ils s'attachèrent avec plus d'âpreté que jamais au royaume de la terre. Et le secret, après avoir été divulgué redevint de lui même un secret.

La révélation n'avait été que partielle. Une grande révélation comporte toujours plusieurs degrés.

« Alors Jésus-Christ apprit à Joseph d'Arimathie les paroles secrètes que personne ne peut conter ni écrire à moins qu'il n'ait lu le grand livre où elles sont consignées et ce sont les mots que Ton prononce au moment de la consécration du Graal, c'est-à-dire du calice ».

Ces paroles se trouvent dans le roman du Saint Graal de Robert de Boron, trouvère de Lorraine qui accompagna Richard de Montbéliard à la croisade et dans l'île de Chypre. Cet écrivain avait le goût des belles actions, des exploits chevaleresques et pieux et il désirait charmer les hommes de son temps par des récits, sans arrière pensée mystique. Il s'inspirait du reste des légendes qui couraient l'occident. Mais parlant du Saint Graal, du vase qui contenait le sang du Christ, il rapportait une tradition qui circulait sur les lèvres des poètes et qu'on se transmettait, sans lui accorder d'ailleurs une grande importance.

Dans le repas chez Simon qui avait eu lieu un peu avant sa mort, Jésus s'était servi d'un vase, d'un calice, du Graal et il avait accompli un rite, fait une cérémonie. S'adressant à Joseph d'Arimathie, le détenteur du Graal, il lui avait « appris des paroles secrètes que personne ne peut conter ni écrire ». Il avait parlé d'une consécration, il lui avait enseigné un secret.

Ce secret était l'essence de l'enseignement qu'il avait donné, ce qui ne pouvait être dit à tous mais ne devait pas être perdu. Joseph d'Arimathie l'avait emporté avec lui à travers le monde, jusqu'aux limites les plus lointaines de l'occident. Mais qu'en avait-il fait ? A qui l'avait-il légué ?

A travers les siècles obscurs du moyen âge, pendant la période où l'église, désormais figée dans sa gangue d'or et de pierre, étend sur le monde son organisation, il y a une idée ailée qui circule, une histoire dont seuls quelques hommes comprennent la portée. Cette idée mystique n'est pas dans les Evangiles elle ne pénètre pas dans les cathédrales, elle est en dehors de l'autorité des évêques. Jésus-Christ a transmis peut-être à Joseph d'Arimathie, peut-être à plusieurs disciples, la formule d'une initiation orale. Ceux qui ont possédé cette formule, ce secret, sont partis vers les régions les plus reculées de l'occident, là où l'on est libéré de l'influence romaine, là où il y a encore des forêts et des lieux solitaires et des collèges d'hommes épris de connaissance.

Mais une vérité transcendante exige pour sa transmission des âmes susceptibles de la comprendre. Un antique principe des initiations est que chaque initié doit trouver lui même celui qui est susceptible de recevoir sa sagesse. Mais au milieu des bouleversements causés par les invasions barbares, des guerres, des pillages de villes, il peut arriver que celui qui cherche un héritier spirituel ne le trouve pas.

Si la parole secrète de Jésus allait se perdre ! Beaucoup d'hommes dans ces temps se sont demandé avec angoisse si les quelques détenteurs de cette parole n'avaient pas péri obscurément. Beaucoup ont espéré recevoir l'héritage et ont scruté pour l'interroger les yeux de l'inconnu qui venait frapper le soir à leur porte. Et de ceux-là, de ceux qui croyaient à l'existence d'une initiation formulée par Jésus lui-même, le nombre diminua considérablement.

Et parmi les quelques-uns qui demeuraient dans cette foi, une nouvelle légende circula. Les dernières communautés Druidiques de l'Irlande et de la Grande-Bretagne connaissaient et pratiquaient la véritable initiation qui mène l'homme au divin par une voie intérieure. Le druide Merlin avait pressenti la barbarie grandissante du monde, la rigueur des dogmes, la venue des ténèbres. Il avait fondé un ordre, organisé un moyen de transmission, pour préserver la fleur de la connaissance humaine.

Toutes ces traditions se confondirent. Ceux qui les rapportaient, les mêlaient à des histoires de chevaliers, à des amours avec de belles femmes dans des châteaux. L'initiation de Jésus se matérialisa dans le vase qui avait recueilli son sang. Il se peut d'ailleurs qu'il y ait eu deux histoires réelles et également merveilleuses, celle de l'initiation et celle du vase qui contint le sang de Jésus, devenu miraculeux.

Le secret de l'initiation formulé par Jésus, la suprême substance de ses enseignements finit par perdre sa valeur spirituelle et devint, dans l'esprit des hommes, ce qui se rattachait à sa forme physique, la lance qui avait traversé sa poitrine, la croix sur laquelle il avait été cloué, le vase du repas chez Simon.

Les auteurs de romans de chevalerie, qui écrivirent pendant le XIIe siècle et le XIIIe siècle, ne purent imaginer que les sages ascétiques réunis par Merlin autour de la Table Ronde fussent autre chose que des guerriers, des chevaliers avec une épée pour tuer leurs semblables, et une armure pareille à une carapace d'insecte, pour se protéger. De ceux qui perpétuaient le dernier mot de la science des maîtres et la conquête du divin dans la vie terrestre, ils firent des créatures bardées de fer et rutilantes d'acier, des hommes ayant un bizarre aspect de monstre et s'efforçant de devenir métalliques.

Mais il ne semble pas que cette saisissante transfiguration, cette parodie muant l'homme qui cherche Dieu en une anonyme caricature hérissée de pointes et surmontée d'un panache, ait jamais choqué personne. Je n'ai constaté nulle part un étonnement à ce sujet. Tout le monde a trouvé normal que des guerriers fussent groupés par Merlin pour être dépositaires d'un secret sublime, venant des origines du monde, répété par le Bouddha, répété par Jésus. Car si la force qui spiritualise a une peine infinie à se manifester, la force qui matérialise est toute puissante. Par le moyen de la légende ou par celui de l'histoire, par la fantaisie ou la vérité, les symboles sont travestis et l'esprit est voilé au profit de la forme matérielle qui le représente.

L'histoire de la parole essentielle léguée par l'initié Jésus devint l'histoire d'un calice, d'une lance et d'une croix. Un exemple suffira pour indiquer le sens de la transformation. Le cycle des romans de la Table Ronde a été mis en vers par le poète Wolfram d'Eschenbach auquel on attribue communément un vaste et mystique génie. Certains ont même pensé que ce génie était si puissant qu'ils ont vu en lui l'auteur de toutes les épopées anonymes de l'Allemagne*.

* Mr Otto Rahn, jeune écrivain allemand de talent a publié récemment un livre très intéressant *La croisade contre le Graal* Mais par un arrangement ingénieux

Eh bien! Quelle propriété surnaturelle ce mystique accorde-t-il au Saint Graal quand son héros Parzival en a fait la conquête définitive? Toutes les fois qu'une jeune fille fait le tour d'une pièce en tenant le vase divin, une table est soudain dressée avec les mets les plus délicieux et les plus abondants! Le vase qui contient le sang de Jésus-Christ a d'autres qualités miraculeuses. Mais cette multiplication de nourriture semble la plus importance.

Ainsi des aveugles ont parlé d'une beauté qui ne leur était pas accessible. Mais qu'importe! Sans épée et sans cuirasse, les chevaliers de l'esprit poursuivaient dans des forêts silencieuses cette Queste du Graal où chacun, selon son degré de perfection, voyait un idéal différent. Et cet idéal était pour les uns l'apparition d'un repas plantureux, pour les autres la présence de l'esprit divin.

---

des citations, il tend à attribuer au poète germanique Wolfram d'Eschenbach presque toute la poésie mystique des Albigeois, des pays de Toulouse et de Foix î II affirme aussi, sans autre preuve que son affirmation, qu'il ne peut y avoir aucun rapport entre le Bouddhisme et le Catharisme. Wolfram d'Eschenbach n'en a dû évidemment trouver aucun. Et je n'ai pu m'expliquer pourquoi, au cours de son livre sur les cathares Pyrénéens, il s'obstine à appeler l'amour, une « Minne! » Son livre est tout de même écrit avec amour et apporte une abondante documentation.

La Lance de Barthelemi

Raymond Saint-Gilles comte de Toulouse commandait alors les Croisés et il partageait ce commandement avec le Normand Bohemond et d'autres grands seigneurs de France. Chacun avait autour de lui ses chevaliers, ses prélats et ses soldats. Ils pillaient en commun mais se haïssaient profondément. Ce fut en Palestine que naquit la jalousie sans pardon qui, un peu plus tard, au temps des Albigeois fit se précipiter les hommes du nord, violents et avides, contre les Toulousains et les Provençaux plus défiés d'esprit et d'une foi religieuse moins grossière.

Donc les Croisés, après avoir pris Antioche, s'y trouvaient assiégés à leur tour. Ils étaient en proie à la famine et à des apparitions de peste. Le découragement était venu. A peine si leur haine réciproque parvenait à les soutenir. On mangeait les chevaux. Les Ribauds avaient fait des festins de chair humaine avec les cadavres des morts et cela avait soulevé l'horreur en même temps qu'une mystérieuse tentation.

Or, un jour qu'Adhémar, évêque du Puy et vicaire du pape délibérait avec le comte de Toulouse et le vénérable Pierre d'Hautpoul, il fut introduit auprès d'eux un pauvre prêtre de Provence qui avait à leur faire une étonnante communication. Ce prêtre, nommé Pierre Barthélemi, était d'apparence rustique et de pauvre culture. Il venait d'avoir une vision de saint André. Ce grand saint l'avait choisi. Il apparaît toujours que les supérieurs des hommes font des choix étranges, comme si, de l'au-delà, ils distinguaient mal les différents types humains. Saint André avait conduit le grossier Barthélemi jusqu'à l'église de Saint-Pierre d'Antioche, au cœur de la cité assiégée et il lui avait fait entrevoir, rendant la matière transparente, sous les pierres d'un certain endroit de la nef, la lance qui avait percé le flanc de Jésus-Christ. Après quoi il lui avait enjoint d'aller annoncer la bonne nouvelle.

Un profond scepticisme s'empara aussitôt de l'âme du vicaire du pape en même temps qu'une foi absolue possédait celle de Raymond, comte de

Toulouse. Le récit de la merveilleuse révélation se répandit dans l'armée des Croisés et parmi les habitants de la ville et le lendemain une foule immense stationnait autour de l'église de Saint-Pierre d'Antioche. Les chefs de la Croisade se réunirent et décidèrent de pratiquer aussitôt des fouilles pour vérifier l'assertion du visionnaire Barthélemi.

Dans ces temps héroïques, on craignait la supercherie aussi fortement que de nos jours. Les personnages médiumniques étaient aussi nombreux, se flattant de fausses transes et d'imaginaires communications divines. Douze notables, nobles et prêtres, furent choisis pour être juges de la sincérité de la recherche et s'assurer qu'on n'était dupé par quelque fraude. L'église fut vidée et en présence des arbitres on commença les fouilles. On creusa toute la journée à l'endroit fixé par saint André. La foule palpitante se pressait derrière le service d'ordre. Le soir venu, il y avait une excavation de plus de sept pieds. On n'avait rien trouvé. Un frémissement de déception parcourait le peuple de plus en plus compact.

Alors Pierre Barthélemi, sans doute animé de quelque nouvelle révélation, ôta ses vêtements et se précipita en chemise dans la fosse. Il en ressortit avec la lance. Le chapelain du comte de Toulouse, témoin oculaire, dit qu'il vit la pointe de la lance émerger la première du sol et qu'il l'embrassa. Malgré ce témoignage formel, certains chroniqueurs dévoués à la gloire des seigneurs normands se sont appesantis sur le fait que le visionnaire de la lance avait été aussi celui qui l'avait déterrée, quand il était notoire que les fouilles n'avaient pas abouti.

Mais cette insistance, injurieuse pour Barthélemi et pour le comte de Toulouse lui-même, ne se manifesta que par la suite. Un immense enthousiasme s'empara des Croisés et du peuple. Il y eut des processions, des actions de grâce et des fêtes.

Quelques jours après, certains que Dieu s'était manifesté par un signe, les Croisés sortirent d'Antioche derrière un étendard auquel la lance était attachée et ils écrasèrent entièrement l'armée Turque de Kerbogha. Cette victoire qui leur donna la possession d'un vaste pays et leur permit de marcher sur Jérusalem était due à la présence de la lance divine.

Les croisés quittèrent Antioche et le comte de Toulouse acquit sur ses rivaux un grand prestige par le fait que c'était dans son camp que le talisman de victoire était gardé.

De tous les côtés affluèrent des offrandes comme témoignages de vénération. Alors de mauvais bruits commencèrent à circuler, à l'instigation d'un homme d'église appelé Arnoul, chapelain du duc de Normandie. Cet Arnoul allait de tous les côtés, affirmant que la lance était une fraude notoire imaginée par Raymond Saint-Gilles, d'accord avec le simple, mais pourtant a rusé Barthélemi, pour s'enrichir à l'aide des dons faits à la relique.

En matière de choses miraculeuses le doute a toujours de nombreux partisans et là le doute s'appuyait sur la haine des hommes du midi. Il se forma deux camps parmi les Croisés et mille disputes éclatèrent. A la fin, Barthélemi s'offrit de lui-même, pour prouver sa sincérité et celle du comte, à s'exposer à l'épreuve du feu. Il comptait ainsi faire éclater la vérité de la relique et, s'il était imprudent, on peut déduire de son offre et de son insistance à tenter l'épreuve qu'il était un authentique visionnaire et non un trompeur. Il se prépara par trois jours de jeûne.

Le huit avril 1099, un grand bûcher avait été préparé au milieu du camp d'Archos et on y mit le feu. Barthélemi passa ensuite au milieu des brasiers, n'ayant que sa chemise sur le corps et la lance dans la main.

Pour ce qu'il advint de lui au sortir de la flamme, les chroniqueurs sont divisés. La foule soit pour constater son état, soit pour lui marquer sa vénération, se jeta sur lui avec une violence telle qu'il fut renversé et foulé aux pieds. Les chevaliers du comte de Toulouse furent obligés de tirer l'épée pour le dégager. On l'emporta et on le soigna. De quelles blessures ? Celles de la foule ou celles du feu ?

Certains prétendirent que Barthélemi se reprocha un petit doute de quelques secondes qu'il aurait éprouvé avant d'entrer dans le feu et c'est ce petit doute qui aurait laissé au feu un certain pouvoir, pouvoir limité, car il aurait du être normalement consumé.

Pierre Barthélemi mourut douze jours après l'épreuve appelée communément : jugement de Dieu. Il arrive qu'un juge ordinaire ne se prononce pas formellement et laisse pendante l'issue de procès. C'est ce qui arriva. Les croisés restèrent divisés mais le plus grand nombre continua à croire à la vertu de la relique. Le comte de Toulouse continua à la porter avec lui mais on ne peut dire qu'elle lui assura une victoire constante. Les murailles de Tripoli restèrent inébranlables quand il se tint à leurs pieds, levant vers le ciel dans sa main droite le morceau de lance où les yeux de la foi pouvaient encore distinguer sous la rouille, le sang du Christ. N'était-ce pas d'ailleurs demander à cette relique une injuste puissance ?

On a de nos jours étudié, classé et rendu indiscutable le phénomène de vision à distance dont relève l'état visionnaire de Barthélemi. Etant donné que l'espérance mystique de retrouver en Palestine des objets ayant appartenu à Jésus ou servi à son supplice, circulait parmi les Croisés et était le thème de leurs entretiens, il est très possible qu'un homme ayant des dons de médium perçût par communication sensible, la présence d'un objet métallique enfoui sous terre. L'immense foule des Croisés devait réaliser une sensibilité collective qui a pu se fixer dans l'âme réceptive de Barthélemi et le rendre clairvoyant sans aucune intervention miraculeuse.

Sur le sort de la lance, les chroniqueurs n'ont pas donné d'indication. Elle était la propriété du comte de Toulouse qui la gardait jalousement avec lui. Or, Raymond Saint-Gilles avait renoncé à revoir sa ville aux remparts de briques rouges, baignée par la Garonne bleue. A deux milles de Tripoli, en Syrie, il avait fait construire le château du Mont Pèlerin sur la Tour duquel il regardait la Méditerranée, dont les flots, très loin, du côté de l'Occident, battaient ses terres et ses villes Provençales. Voyant venir la mort, que put-il faire de la précieuse relique, lui qui n'avait qu'un fils en bas âge, auquel il ne pouvait la confier ? Sans doute la déposa-t-on à côté de lui, dans son tombeau, comme le témoignage de l'impuissance d'une relique, si grande que soit sa faculté miraculeuse, à prolonger une vie humaine.

Joseph d'Arimathie

L'épisode de la lance se rapporte à l'histoire matérielle du Graal, comme l'histoire de la croix et celle du vase. Tout le monde connait l'histoire de la croix et de la multiplication de ses fragments.

L'impératrice Hélène, mère de Constantin, s'étant rendue à Jérusalem, un Juif, touché par une inspiration lui indiqua l'endroit ou était enterrée la vraie croix sur laquelle avait été cloué Jésus. Elle la fit déterrer et l'emporta ainsi que les clous qui avaient servi au supplice.

Elle fit de ces objets différents usages : Un clou figura dans la couronne impériale, un autre dans les rênes du char impérial. Des églises de Rome reçurent des morceaux de la croix. L'impératrice fut sanctifiée, en partie à cause de l'excellence de sa répartition. Malgré cela, il fut notoire, presque dans le même temps, que la vraie croix à peu près entière se trouvait dans une église de Jérusalem.

Sarbar, gendre du roi des Perses s'en empara et l'emporta à titre de simple curiosité, car il était adorateur du soleil. Il la déposa dans la résidence de Dastagerd où étaient accumulées les richesses millénaires des souverains persans. L'empereur de Constantinople Héraclius qui était à la fois habile général et théologien borné déclara aussitôt la guerre à Khosroes, roi des Perses, pour ravoir la croix. Il parvint à le vaincre malgré les probabilités qu'il avait d'être défait et il s'empara de la fastueuse cité de Dastagerd où l'historien Théophane qui a fait le récit de cette guerre mentionne, parmi de fabuleuses richesses des mille et une nuits, la présence de sucre et d'un peu de gingembre. Héraclius retrouva la croix et il alla la replacer à Jérusalem. Mais peu après il courut précipitamment la reprendre pour la mettre en sûreté à Constantinople, car l'Islamisme était menaçant.

Il arriva à l'empereur Héraclius, porteur de la Croix, une chose singulière. Quand, suivi de son armée, il atteignit Constantinople, il fut soudain possédé par l'incapacité de passer le Bosphore. Il campa sur la côte d'Asie et il attendit. L'armée campa autour de lui. La vraie croix ne voulait-elle pas rentrer Constantinople ? Une autre vraie croix y avait pourtant été apportée sous Constantin. L'empereur ne pouvait voir le Bosphore sans défaillir. Ses conseillers délibérèrent et à la fin on jeta sur le Bosphore un pont de bateaux qu'on recouvrit de terre et dont les côtés furent masqués de branches d'arbres pour qu'Héraclius eut la sensation de gagner sa capitale en traversant un petit bois.

Pendant longtemps les empereurs de Constantinople eurent pour habitude de donner à leur fille ou à leur nièce comme cadeau de mariage, un clou ou un morceau de la vraie croix. Il y en eut très longtemps un important fragment dans l'église métropolitaine d'Etchmiadzine en Arménie, à côté d'une planche de l'arche de Noé.

L'histoire matérielle du Graal est surtout l'histoire de la coupe sainte.

Ce fut au cours d'un repas chez Simon le Lépreux, à Béthanie, l'endroit des dattiers, que Jésus, élevant un vase dans sa main, donna l'enseignement d'un rite dont le sens secret nous échappe, mais dont nous pouvons dire qu'il relève d'une magie supérieure et dont il nous est permis de supposer que l'essence était relative à une union mystique des âmes.

Chez ce Simon, dont la lèpre devait être en voie de guérison ou qui l'acceptait comme une heureuse flétrissure du corps, étaient réunis, outre les douze disciples, quelques personnes qui croyaient à la mission de Jésus. Parmi ceux-là il y avait Joseph d'Arimathie, homme de considération, membre du Sanhédrin juif, et qui restait, par crainte de se compromettre, disciple du dehors, c'est-à-dire non consacré.

Mais un homme qui a peur de se compromettre peut avoir soudain une révélation qui bouleverse sa vie. C'est ce qui arriva pour Joseph.

Après que Jésus eut été arrêté au mont des Oliviers, condamné et crucifié, Joseph se rendit auprès du procurateur Pilate auquel il avait rendu des services et qui le tenait pour un personnage d'importance. La maison de Simon avait été pillée par les soldats romains et on avait rapporté à Pilate les objets qu'on avait trouvés, comme des preuves à conviction. Parmi ces objets Joseph vit le vase que Jésus avait rempli soit de vin, soit d'un breuvage d'une composition inconnue et il le demanda à Pilate. Celui-ci lui en fit volontiers cadeau et il lui accorda, en outre, la permission de descendre de la croix le corps de Jésus et de lui donner la sépulture.

Il fallut s'y prendre à deux fois. Quand Joseph se rendit au Calvaire avec un certain Nicodème, des Juifs pleins de passion l'empêchèrent de s'approcher de Jésus. Joseph fut obligé de revenir retrouver Pilate qui lui donna quelques soldats afin que ses ordres fussent exécutés Quand Joseph retourna au calvaire, un garde appelé Longin venait de frapper Jésus au côté avec cette lance à qui était promise une longue destinée.

Du sang coulait de la blessure et Joseph le recueillit dan* le vase qui avait servi à la cérémonie de chez Simon.

Puis il transporta le corps dans cette tombe, sur le seuil de laquelle un peu plus tard, Marie de Magdala devait voir, parmi les brouillards du matin, un homme vêtu de blanc, qu'elle crut être le jardinier.

Il y eut des conciliabules entre les disciples. Il leur apparut que ce qui devait être répandu dans le monde c'était le secret essentiel dont Jésus avait révélé la profondeur et sans doute le moyen de transmission, la veille de sa mort. Ce secret, chacun n'était pas à même de le comprendre. Il faisait partie de cet ordre de connaissance ailée dont il ne suffît pas d'entendre l'explication en mots pour en saisir la substance intime. Peut être de tous les hôtes de Simon si remplis de la bonne volonté du cœur, Joseph d'Arimathie était le seul à avoir reçu l'héritage spirituel, à avoir été traversé par la parole révélatrice.

C'est lui que la légende désigne comme s'en allant jusqu'aux confins du monde occidental connu pour porter un vase où il a recueilli le sang versé par le maître au moment de sa mort.

L'objet et le sang ne sont que des symboles. C'est lui, Joseph d'Arimathie, qui a recueilli cette substance d'ordre divin, la pensée par laquelle on obtient le salut. Il s'en va avec une coupe sous son manteau. Le métal précieux de la coupe n'est que le misérable travestissement de l'homme, qui est éternellement obligé de changer l'esprit en matière. Il porte le sang, la vérité palpitante, au delà des mers, là où les légions romaines ont arrêté leur avance, là où la civilisation perd ses droits, où vivent encore les vieilles forêts.

Là il y a des hommes qui cherchent la vérité, qui attendent peut-être la vérité particulière du maître lointain, qui sont avides de la confronter avec la leur. Ce sont les Druides. Depuis des siècles, les Druides ont en Irlande, leur communauté principale. C'est vers les Druides que, d'après la légende, s'en est allé Joseph d'Arimathie.

Comment retrouver son histoire vraie sous les poèmes des poètes ignorants du XIIe siècle. Selon eux, après beaucoup d'aventures, Joseph d'Arimathie, accompagné de sa famille et de ses amis, arrive dans les terres les plus reculées d'occident. Il convertit des rois, il a de nombreux descendants qui deviennent tous des hommes de guerre et il dépose le Graal, c'est-à-dire une coupe renfermant le sang de Jésus, dans un château inaccessible. Un jour, est-il annoncé, une jeune fille d'une beauté inconcevable naîtra d'un de ses petits enfants et elle mettra miraculeusement au monde «celui qui connaîtra la vérité du Saint Graal».

Il faut qu'à quelques siècles de distance le secret soit annoncé à nouveau.

Le Graal des Génois

La prise de Césarée par les Croisés de Baudoin devenu roi de Jérusalem et par une troupe de Génois récemment débarqués fut une des scènes les plus sauvages de l'histoire des Croisades.

Les habitants de cette ville marchande étaient peu exercés à la guerre. Quand ils virent miroiter et caracoler autour de leurs remparts ces pyramides métalliques hérissées de lances que formaient les chevaliers Francs, ils se sentirent perdus d'avance. Ils envoyèrent des ambassadeurs pour démontrer qu'ils n'avaient rien fait contre les nommes vêtus de fer et qu'il n'y avait aucune raison légitime de piller leur ville et de les mettre à mort. Le plus vieux des évêques les reçut et expliqua simplement que les Croisés « étaient choisis par Dieu pour punir ceux qui allaient contre la loi du Seigneur ».

La ville fut prise d'assaut et ses habitants égorgés. Les soldats se partagèrent les jeunes femmes soit pour les plaisirs du soir, soit pour leur faire tourner des moulins à bras. « On fendait le ventre des Musulmans soupçonnés d'avoir avalé des pièces d'or. On en brûlait d'autres sur les places publiques pour voir si leurs cendres ne contenaient pas quelques besants. ¡ Population scélérate et perverse et qui méritait la mort, dit un chroniqueur Génois.

Or les auteurs de cette cruelle tuerie d'une population inoffensive, outre les immenses richesses de la ville, reçurent un signe divin, comme si une sorte d'approbation leur était marquée. Les soldats Génois trouvèrent, les chroniqueurs ne disent pas où, un vase fait d'une seule émeraude, d'une énorme émeraude taillée et par conséquent d'un prix inestimable, contenant du sang de Jésus-Christ. Comment le sang de Jésus-Christ recueilli dans une émeraude qui représentait à elle seule une immense richesse, était-il conservé à Césarée et sur quoi s'appuyait la tradition qui l'affirmait, les chroniqueurs ne le disent pas.

Dans le partage du butin il fut échu aux Génois, la merveilleuse éme-

Maurice Magre

raude, sans doute compensée par un certain nombre de jeunes épouses musulmanes. Les Génois la transportèrent dans la cathédrale de leur ville où elle fut, pendant des siècles, exposée à la vénération des croyants.

Son énormité étonna au XVIIIe siècle le mathématicien La Condamine. Ce savant était tourmenté d'une curiosité extraordinaire qui le poussait à inventer des pendules et des boussoles et à faire sans cesse le tour du monde. Visitant la cathédrale de Gènes il fit semblant de tomber à genoux avec une grande spontanéité pieuse, devant la relique. D'un geste rapide, de sa main munie d'un diamant, il effleura l'émeraude et il s'aperçut qu'il l'avait rayée. Il en conclut qu'elle était de verre.

Pendant les guerres de l'empire, les armées Françaises volèrent l'émeraude à Gênes, de même que les Génois l'avaient volée à Césarée. Elle fut transportée à Paris et les experts qui l'examinèrent constatèrent que ce n'était qu'un gros morceau de verre où l'on distinguait encore la rayure faite par La Condamine. La relique fut restituée sans difficulté mais elle était déconsidérée.

On peut raisonnablement penser que ce n'était pas ce même morceau de verre qui était originairement conservé à Césarée. Des Musulmans n'avaient aucun motif de garder précieusement un objet sans valeur qui contenait un sang encore plus dépourvu de valeur à leurs yeux. Entre 1102, date du retour des Génois Croisés dans leur ville et la curieuse expérience de La Condamine, s'est produite sans doute une substitution faite par un habile tailleur de verre qui était en même temps un voleur hardi et peut être un fonctionnaire de la cathédrale. La possession d'une émeraude, unique par son énormité, a dû être un puissant objet de tentation et faire braver le sacrilège. Et l'on peut imaginer aussi l'aberration d'une créature si pleine de foi exclusive qu'elle désirait avoir sans cesse sous les yeux le sang du Christ et vola la relique non pour l'émeraude, mais pour le sang. Mais cela fait partie des choses qui ne peuvent être connues. Nous ne saurons jamais si quelque rêveur égoïste, enivré de mystique amour, si quelque étrange esthète de la matière divine ne se délecta pas solitairement de la possession d'un trésor d'autant plus inestimable qu'il ne pouvait être partagé avec personne.

Le Flacon de Balbeck

Dans le livre intitulé « la connaissance supra normale » le docteur Osty raconte une histoire troublante qui complète celles qui précédent.

Tout le monde sait à présent ce que c'est que la métagnomie, science nouvelle qui a été étudiée ces dernières années, dans divers pays, et plus particulièrement en France, par le docteur Osty. Certaines personnes qu'on appelle des métagnomes sont douées, dans certains cas, d'un pouvoir supranormal de déceler, en touchant un objet, des événements, même très éloignés, auxquels l'objet a participé. Des expériences rigoureusement contrôlées ont donné des résultats probants.

Au cours de l'année 1921* le docteur Osty reçut, en vue d'expériences métagnomiques, une photographie assez confuse qui représentait un flacon hermétiquement clos dont l'aspect était celui, « d'une vague masse ovoïde » et qui semblait renfermer un liquide.

La personne qui lui remit la photographie revenait d'une mission d'études en Syrie et voici les renseignements qu'elle fournit au sujet du flacon.

Il avait été trouvé dans une nécropole, à Kérak aux environs de Balbeck où se trouvaient les ruines du temple d'Héliopolis. M. Eddet, propriétaire d'un vaste terrain avait voulu, quelques années plus tôt, créer une magnanerie pour vers à soie. Il avait fait creuser assez profondément le sol pour les fondations. Or les ouvriers, à une certaine profondeur, s'étaient trouvés en présence d'une pierre servant de porte à une chambre voûtée. Déplaçant cette pierre, ils avaient pénétré dans un tombeau souterrain au centre duquel reposait un plateau d'or massif qui soutenait le flacon mystérieux. Des urnes étaient placées symétriquement autour de la plaque d'or et tout le tombeau donnait l'impression d'avoir été construit pour abriter le flacon.

Les urnes contenaient des pièces d'or dont les ouvriers s'étaient emparés.

* Ce qui suit est résumé d'après le livre du Dᵣ Osty.

Mais M. Eddet avait conservé le flacon. Il l'avait fait examiner par M. Maspero et celui-ci avait déclaré que c'était là une pièce unique datant des environs de l'époque de Jésus-Christ. Là-dessus M. Eddet l'avait fait photographier et déposé dans le coffre d'une banque de Beyrouth.

Or, Madame Morel, la métagnome du docteur Osty, tenant dans sa main la photographie du flacon trouvé à Baîbeck, fit, grâce à sa faculté de reconstitution, l'impressionnante évocation d'une scène du passé.

Par mots entrecoupés, elle décrivit un temple immense, un homme à la figure triste, chargée de pensées, dominant ceux qui l'entouraient par l'élévation de son intelligence, puis des bruits de foule, le mouvement de tout un peuple, des cortèges étranges «Comme des funérailles anormales.»

Le liquide contenu dans le flacon était d'après elle, du sang. Ce sang était celui de quelqu'un dont elle voyait la mort, très loin, en remontant le cours du temps. Cette mort était du reste différente de celle que nous connaissons de Jésus par la tradition des Evangiles. Mais elle avait avec elle certains rapports.

La voyante parlait d'un entourage de forêts incultes, d'une maison de pierre, d'actes sauvages, d'une blessure au cou. Je cite sa description :

«Une montagne maintenant... Cet être monte... Il y a une souffrance... Il monte comme une montagne aride et traîne quelque chose de lourd... Comme c'est lourd, noir... Il y a un choc comme quelqu'un qui tombe. Je vois autour de la tête, du sang. Je vois des hommes qui recueillent ce sang d'abord dans autre chose, puis dans cette chose que je tiens... ceci voyage beaucoup.

De ce qui précède et de l'ensemble du récit fait par le docteur Osty et dont je ne donne qu'un bref résumé, on peut déduire qu'il y a une possibilité que l'authentique sang de Jésus ait été retrouvé dans une tombe souterraine près de Balbeck. Le fait de construire un caveau souterrain pour un minuscule flacon et de le faire reposer sur une plaque d'or est le signe de l'importance de ce flacon. Il faut ajouter que la métagnome quand elle prit la photographie et relata sa vision dans le passé, n'avait aucune notion de ce dont il s'agissait. Elle n'avait même pu distinguer ce que la photographie représentait exactement.

Le docteur Osty essaya d'acheter la précieuse ampoule à M. Eddet. Mais outre Maspero, les musées de Londres et du Caire en avaient authentifié l'ancienneté et le caractère vénérable. Le possesseur ne sut faire le rapport entre la valeur intrinsèque et sa correspondance en argent. Il demanda une somme si considérable qu'elle rendit impossible toute transaction.

Le véritable sang de Jésus, avec toutes les vertus miraculeuses attachées au sang d'une créature extra terrestre et qui a participé du divin pendant la vie de son corps, repose sans doute encore à Beyrouth, n'ayant pour autel que le métal chromé d'un coffre moderne ; il voisine avec les liasses souillées de billets de banque et les piles d'or de livres anglaises ; il a pour cathédrale une banque moderne où soufflent les pestilences des affaires internationales et cette malédiction éternellement attachée à la richesse.

Les Chevaliers de la Table Ronde

Il faut remarquer que l'Eglise n'a jamais attaché d'importance à l'histoire du Graal, aux voyages de Joseph d'Arimathie, ni à la conversion de la Grande-Bretagne par lui. De même Renan a pu faire une énorme et remarquable histoire du Christianisme, histoire pleine d'amour souriant pour le sujet qu'il traitait, sans dire un seul mot du Graal.

Il y a là une indication précieuse et féconde. Si cette légende est à la fois négligée par la religion et les représentants les plus autorisés de l'histoire religieuse, c'est qu'elle porte en elle une grande substance de vérité.

Ceci n'est qu'un paradoxe qu'en apparence. Les sujets les plus importants semblent échapper à l'examen. On ne les apprend jamais au lycée, on ne les trouve pas dans les manuels. Il en est de même pour les questions essentielles de la métaphysique, les questions vraiment palpitantes. On est seul à se les poser. Les problèmes d'un ordre supérieur semblent planer, être hors d'atteinte, comme s'ils étaient rebelles aux paroles écrites. Au fond, ce n'est qu'avec soi-même qu'où arrive à traiter des choses vitales de l'esprit.

Il y a une réalité sous la légende qui représente Joseph d'Arimathie emportant vers l'occident un trésor d'ordre mystique. Joseph d'Arimathie allait retrouver les frères de Jésus, les Druides des communautés d'Irlande. Portait-il la bonne nouvelle du secret légué ? Avait-il les termes d'un message à transmettre ? Aspirait-il à retrouver loin des Juifs et loin des Romains également fermés à la parole spirituelle, des hommes sages et purs, professant la même philosophie que celui qui venait d'être supplicié ?

La légende le fait parvenir aux lointains pays d'Occident et léguer à ses fils la garde du Graal qui le placent dans un château inaccessible entre sept montagnes, entouré de sept précipices, le château Aventureux, Au sein des dernières forêts nordiques, le trésor demeure et est transmis à ceux qui doivent le recevoir.

Mais le bruit de la hache qui faisait tomber les arbres gagnait de proche en proche. La grande différence des Druides et des moines chrétiens est que les uns habitaient les forêts et les respectaient, tiraient d'elles leur sagesse par une alliance magique, tandis que les autres les détruisaient, les défrichaient, les changeaient en pâturages.

Toutes les légendes de saints et de monastères ont trait à des massacres d'arbres, à des créations de cultures à des défrichements glorieux. Montalembert dans son histoire des moines d'occident proclame avec admiration leur victoire « sur le désordre stérile de la végétation spontanée. » En même temps qu'une discipline de la terre qui était labourée, ensemencée, coupée de routes, le christianisme étendait partout une discipline des âmes. Un moine nommé Pelage avait troublé la Chrétienté parce qu'il avait dit qu'il n'y avait pas de grâce divine et que l'homme était libre et responsable. L'église en trembla sur ses bases. Qu'allait-il arriver si l'homme s'avisait de croire à sa liberté ? L'Evêque Germain d'Auxerre se rendit deux fois en Grande-Bretagne pour extirper par la violence cette hérésie. Mais les Anglo-Saxons envahirent ce pays, massacrèrent une partie des habitants et forcèrent les autres à se réfugier en Armorique, la Bretagne actuelle.

La légende fait venir avec eux Merlin et certaines communautés Druidiques puisque c'est dans la forêt de Brocéliande qu'elle place leur lieu de refuge.

Le Graal a été oublié pendant cinq siècles et voilà qu'il reparaît. Merlin pressent l'ombre des siècles noirs qui va s'étendre sur le monde. Les invasions Germaniques vont se répandre comme des couches de lave. La seule résistance de l'esprit sera derrière les murs de pierre des monastères. Mais l'esprit s'y figera et mourra. Les maîtres des anciennes communautés savaient bien que la cabane de planches et de feuilles, communiquant directement avec la forêt, est la condition essentielle pour permettre à l'homme de renouveler sa pensée par le libre aliment de la nature. La froideur du dogme, le cérémonial des liturgies, gèleront les âmes.

Il faut sauver le trésor sacré, le trésor qui court d'âge en âge, le trésor de l'homme.

C'est alors que Merlin institue une confrérie secrète, une société de dépositaires de science et d'esprit qui seront connus sous le nom de frères ou chevaliers de la table ronde. Les frères se retrouveront autour d'une table dans un repas, car c'est au cours d'un repas que Jésus a révélé avant sa mort, le rite sacré. Et la table sera ronde comme signe d'égalité car, parmi ceux qui viendront se grouper autour d'elle, il y aura des hommes de classes différentes, des guerriers, des prêtres, peut-être des rois.

Les frères de la table ronde, que les poètes du moyen âge appelleront des chevaliers, dans un temps où il n'y a de suprématie que pour le guerrier à cheval, sont au nombre de quarante-neuf. Mais il y aura une place vide au milieu d'eux ce qui fera cinquante. Pourquoi ce chiffre ? Ceux qui croient au sens caché des nombres et que le monde se meut par magie numérale diront que cinquante est le nombre du Saint-Esprit*.

Sur le siège vide devait venir s'asseoir celui qui aurait trouvé le Graal. Le Graal n'était pas perdu. Il reposait, cœur d'émeraude aux teintes mates où bouillonne le sang vivant de l'esprit, dans la mystérieuse chambre, toujours fermée, de l'initiation.

Cette chambre était placée peut-être dans une de ces tours sans porte et sans fenêtre qu'on a retrouvées en Irlande et qui a fait l'étonnement des archéologues, parce qu'il semblait à première vue que nulle forme ne pouvait y pénétrer, nulle forme physique tout au moins. Cette chambre était peut-être ailleurs, entre les quatre pierres souterraines d'un dolmen antédruidique, entre les troncs de quatre chênes de la forêt de Brocéliande. Cette chambre n'avait besoin que d'être longue comme un corps d'homme, pour que le disciple y reposât pendant les trois jours de son voyage dans l'au-delà.

Le cinquantième convive était celui qui avait trouvé le Graal, celui qui par sa vertu intérieure avait atteint l'illumination, avait, dans son corps vivant, découvert le chemin du monde spirituel où séjournent les purs esprits. Pour fouler ce chemin, il fallait être détaché, courageux, chaste. L'impur et l'orgueilleux qui tentait de porter la main sur le Graal sans

---

* Voir là-dessus, le *Secret de la Chevalerie* par Victor Emile MICHELET.
D'autre part Philon d'Alexandrie, parlant des Thérapeutes, a dit : cinquante est le plus saint et le plus naturel des nombres, étant composé du pouvoir du triangle rectangle, source de la naissance de toutes choses.

en être digne avait les jambes transpercées par une lance magique, ce qui était le symbole de l'incapacité à marcher désormais sur la voie, du retard qui était son châtiment. Ainsi, il advint à l'imprudent roi Mordrain.

Mais le vainqueur de la grande tentation de luxure, de la puissance d'engendrer de nouveaux hommes terrestres, qu'il ait nom Galaad ou Parzival, celui-là atteignait le Graal divin et venait s'asseoir au milieu de ses frères. Il connaissait le secret. Lui, du règne humain, il avait atteint l'esprit.

Alors le pain était rompu et le vin circulait entre les initiés. Cinquante hommes c'était bien peu, au milieu de cet occident sauvage où, un peu plus tard, l'empereur Charlemagne édictant la peine de mort contre l'anthropophagie, l'édictait en même temps contre ceux qui mangeaient de la viande pendant le carême.

Cela paraît bien peu et c'était beaucoup. Si dans l'Inde les hommes qui se détachent de la chaîne des sens sont nombreux, si on en voit, assis au bord des routes et s'ils peuplent les monastères, il faut songer que l'Inde est la terre élue et qu'il y a soufflé, aussi loin que l'histoire nous permet de voir, une force bénéfique poussant les âmes à la contemplation des choses spirituelles. Jésus en Palestine ne put réunir que douze disciples. Pythagore en avait-il eu beaucoup plus ? L'occident, au moment où les Druides allaient disparaître devenait la face mauvaise de la planète.

Les cinquante frères de la Table Ronde, les soi-disant chevaliers, sortirent de la forêt de Brocéliande et se dispersèrent dans le monde où ils ne devaient plus faire parler d'eux pendant bien longtemps. Tous les auteurs de romans de chevalerie qui les ont pris pour héros de leurs aventures de guerre, de leurs contes fabuleux, semblent avoir ignoré le sens mystique du Graal. Ils dépeignent les compagnons de Merlin comme des hommes aux grandes épées lumineuses dont les coups fendent en deux le chevalier ennemi, quelle que soit la trempe de son armure et l'embonpoint de sa personne. Ils savent pourtant que, plus que le courage, la chasteté est nécessaire à ces héros d'un idéal dont ils ne se font aucune idée. La possession du secret comporte la chasteté, parce que la chasteté a un étroit rapport avec le secret. Le créateur spirituel ne doit pas être un créateur de chair. Celui qui termine la course humaine par le retour au divin ne doit pas contredire son œuvre en laissant derrière lui un fils incarné qui aurait à entreprendre la même conquête.

Ni Robert de Boron, ni Chrétien de Troye, ni Wolfram d'Eschenbach ne disent expressément ce que c'est que le Graal. Ils ne l'ont pas su. La légende s'est chuchotée mystérieusement, elle a été racontée dans les soirées, on ne sait ni où elle est née, ni qui, le premier, l'a rapportée. L'étymologie même du mot Graal est incertaine. La plus vraisemblable est celle qui veut que le Graal soit un dérivé de Grésal, qui dans la langue d'Oc, voulait dire vase et a encore ce sens aujourd'hui dans le patois francisé qu'on parle à Toulouse*. La légende a du naître un peu partout. On place d'ordinaire son origine en Grande-Bretagne ou chez les Celtes d'Armorique. Pourtant Wolfram d'Eschenbach assurait l'avoir reçue d'un poète Provençal appelé Kyot ou Guiot qui l'aurait tenue lui-même d'un juif de Tolède appelé Flégelantis. On n'a pas retrouvé trace de ce Guiot et, d'une façon unanime, les hommes de science qui pèsent les vérités et les mensonges ont déclaré que ce Guiot n'avait pas existé et que Wolfram d'Eschenbach l'avait inventé pour donner du poids à son œuvre ! A-t-on jamais vu un poète se flatter de tenir son sujet d'un autre et se dérober modestement devant le nom d'un inconnu ?

Le Graal a brillé un peu partout. Au milieu des ténèbres de l'ignorance, ceux qui ont souffert de l'étroitesse dogmatique de la religion, de l'absence d'hypothèse raisonnable sur la destinée de l'homme, ceux qui se sont lamentés de ne pas savoir comment espérer, ont eu dans leurs plus mauvaises heures la consolation qu'il y avait par le monde quelques hommes plus favorisés qui eux, savaient et qui se transmettaient le dépôt de la connaissance. La violence régnait en souveraine, il n'y avait pas de livres, pas d'enseignements philosophiques, le mal allait grandissant. Pourtant quelque part brillait la lumière du salut†.

---

* Pendant toute mon enfance j'ai appelé un vase un grésal.

† C'est l'hypothèse la plus vraisemblable. Au XIe siècle, la plus grande école de philosophie et de poésie du monde était une école juive à Tolède. Cette ville avait aussi un groupement d'initiés, attirés par la liberté de pensée qui y régnait.

Montségur

Il y a sur la terre des endroits qui sont prédestinés. Bénarès, Delphes, Lourdes, sont de ceux-là. Les causes de cette prédestination sont diverses. Ceux qui se rendent dans ces lieux disent quelquefois qu'ils ont le sentiment de présences. L'accumulation de la pensée des pèlerins, de leurs vœux et de leurs prières, a pu se condenser dans les choses. Certains courants d'une nature particulière, analogue à ceux que M. Lakhovsky a récemment mesurés, sortent peut-être de la terre. L'esprit souffle là et il est donné à certains d'en être touchés.

Dans les montagnes de l'Ariège, après les tours gothiques de Foix, après le chant des torrents pyrénéens dans les vallées étroites, après les amoncellements de schiste ardoisier aux reflets bleuâtres, se dresse le haut lieu de Montségur ou le Mont du Salut.

Mont du salut parce qu'il fut un temps où ceux qui y vinrent et qui y moururent furent sauvés.

De tout temps cette partie de la terre fut consacrée à l'esprit. Des dolmens encore à demi ensevelis attestent que ce fut un lieu de culte bien avant les Druides. Au sommet d'une montagne voisine, le Saint-Barthélemy, l'archéologue J. Mandement* a retrouvé une station celtibère, qui fut utilisée ensuite par les Phéniciens et les Grecs. Les Druides y séjournèrent, mais comme ailleurs, leurs cabanes de planches sous les arbres, ne laissèrent pas de traces. Si Montségur fut choisi par Esclarmonde de Foix pour être l'assise du château où devaient venir s'abriter les Parfaits Albigeois et les derniers amants de la sagesse divine, c'est qu'il y avait dans la poitrine de son argile et le cœur de ses pierres, un inexplicable souffle supra terrestre qui leur donnait un avant goût de leur patrie spirituelle.

Ceci a trait au drame Albigeois du XIIIe siècle où l'Eglise, avec sa

* Voir pour les détails la série de ses articles très documentés dans le journal *La Dépêche.*

chevalerie, ses juges et ses bûchers, anéantit le dernier jaillissement de l'âme méridionale.

L'inquisition s'était installée dans toutes les villes et tous les châteaux avaient été pris du Rhône jusqu'aux pins de l'Aquitaine. L'église Albigeoise était devenue tellement secrète que beaucoup doutaient de son existence. Ceux qui croyaient renfermaient leur foi en eux. La délation régnait en maîtresse. On chassait les Albigeois réfugiés dans les forêts des Pyrénées comme des bêtes sauvages.

Un seul château résistait encore, c'était Montségur. Trente ans plus tôt, Esclarmonde de Foix, en prévision des malheurs qui allaient accabler ses coreligionnaires l'avait fait aménager pour une longue résistance. La montagne était percée de galeries où étaient entassées des provisions pour un long siège. Il y avait des salles souterraines de prière et des cryptes pour les tombeaux. Les tours étaient séparées de la vallée par une spirale de trois mille marches. Le vieux comte Ramon de Perella avait groupé dans ce refuge les membres de l'église Cathare et les parfaits qui subsistaient. Il croyait pouvoir braver sur la hauteur, proche du ciel, les armées du roi et du pape.

Il se trompait. Montségur fut pris et ses défenseurs massacrés. Je l'ai longuement raconté dans d'autres livres* et je n'en parle ici qu'à propos du Graal. Une légende dit que le Graal, le Graal de Joseph d'Arimathie, la coupe d'émeraude avec le sang miraculeux de Jésus, fut transporté à Montségur.

Si un talisman mystique était gardé quelque part par des hommes fidèles et pieux, héritiers de la vraie tradition de Jésus, il est vraisemblable que dans l'incertitude des temps, ces gardiens songèrent à porter leur trésor dans le lieu où il devait être le plus en sûreté. Toute la chrétienté savait qu'il y avait dans les montagnes d'Ariège un château inexpugnable où les hommes animés de la foi primitive trouvaient un refuge.

Les frères initiés de la Table ronde, les Druides héritiers de Merlin, se mirent en marche vers cette terre favorisée du midi, vers ces Pyrénées où à l'abri des torrents et des gouffres, entre les longs couloirs de pierre, les forêts mères vivaient encore et où des confréries de Druides devaient

* Voir « Magiciens et illuminés » et « Le sang de Toulouse ».

s'abriter dans des ermitages inaccessibles.

Ils crurent que Montségur pouvait échapper au mal grandissant, à la cruauté des hommes, à l'impitoyable férocité de l'église pour tout ce qu'elle nommait l'exécrable hérésie. Une armée commandée par le sénéchal de Carcassonne avait enveloppé la montagne. Les machines de guerre vinrent à bout de la solidité des tours, et une nuit, après des mois de siège, les troupes royales en forcèrent les enceintes.

Mais ce qu'on a appelé le trésor des Cathares, trésor réel, qui devait comprendre toutes les richesses des seigneurs Albigeois transportées depuis trente ans dans ce lieu de sécurité, le trésor des Cathares était déjà parti.

Ramon de Perella, pressentant le désastre, l'avait fait sortir une nuit, grâce à la trahison de quelques soldats de garde dans la vallée. Conduit par l'évêque Cathare Ramon de Saint-Marti, le trésor atteignit les forêts des montagnes prochaines et fut transporté, dit-on, dans la grotte d'Ornolac. Si le Graal était à Montségur, il partit, cette nuit sans lune, parmi des gardiens dont les chevaux avaient des sabots emmaillotés de drap, derrière le vieil évêque silencieux comme un fantôme, vers les forêts de Belestar dont les arbres tendaient des bras protecteurs.

De toute façon, s'il ne partit pas avec l'évêque Ramon de Saint-Marti, le défenseur de Montségur Pierre Roger eut la possibilité de l'emporter avec lui, Les termes de la capitulation lui permettaient de sortir avec les combattants du siège, son médecin, son architecte, et les meubles et les richesses du château.

Si le Graal était à Montségur, que devint-il après la chute du château ? Peut-être fut-il enseveli à Ornolac quand on mura dans cette grotte les Albigeois qui s'y étaient abrités. Peut-être fut-il emporté ailleurs par ceux qui en avaient la garde. On a parlé du château de Seissac* dans la montagne noire, et de celui de Cucugnan sur la route de Perpignan. J. Mandement a émis l'hypothèse qu'il aurait pu être transporté dans le

---

* J'ai interrogé l'écrivain Dupuy Mazuel qui est propriétaire du château de Seissac. Il ignorait tout de la présence du Graal chez lui. C'était le trésor des rois Wisigoths qui, d'après de vagues assurances, était caché, — me dit-il, — dans son domaine. Mais il ne l'avait pas encore cherché. C'est là une magnifique négligence ! Les vieux châteaux sont pleins de trésors. Il ne s'agit que de les trouver.

château de Montréal qui a appartenu aux Hospitaliers.

Ce qui est certain, c'est qu'il quitta Montségur et les chercheurs chimériques qui ébranlent depuis quelque temps la montagne à coups de pioche ne le retrouveront pas plus qu'ils ne retrouveront le trésor cathare. De même, les tombeaux qu'ils pourront découvrir dans les galeries souterraines ne contiendront que des poussières d'ossements. Comme les Druides, les Albigeois avaient pour règle de mépriser l'or et de ne jamais se parer de bijoux. La dépouille charnelle était sans importance et ne devait être recouverte d'aucun ornement.

* * *

Quand Parzival vient de découvrir le Graal, les conteurs du moyen âge disent qu'il s'en va avec lui au ciel où il demeure dans une sorte d'expectative magique. Mais une autre tradition veut qu'il s'en aille avec lui chez le prêtre Jean.

Le prêtre Jean était le roi et le grand pontife en même temps, du royaume des Keraïtes, derrière l'Arménie et la Perse. Une colonie de Nestoriens était venue jadis dans ce pays et l'avait christianisé. Toutes sortes de contes fabuleux couraient en Occident sur le prêtre Jean. Il symbolisait très loin, vers l'Orient, une Inde mystérieuse et chrétienne. Le pape Alexandre III lui envoya un ambassadeur à la fin du XIIe siècle, et on ne sait pourquoi il choisit un médecin, ce qui pourrait faire supposer qu'au nombre des choses qui rendaient le prêtre Jean célèbre, il y avait la débilité de sa santé.

En faisant partir le Graal pour l'Inde du prêtre Jean, les poètes du moyen âge le renvoyaient vers son initiale patrie. Ce n'est que dans les montagnes de l'Himalaya que les sages trouvent une certitude de paix humaine. C'est de là que sont partis les premiers missionnaires et c'est là qu'ils retournent quand la mission est accomplie ou quand, par le fait de la dureté des âmes auxquelles elle s'adressait, elle n'a pu avoir sa réalisation. On retrouve au XVIIIe siècle la même tradition pour les Rose Croix.

Les descendants spirituels des cinquante frères de la Table ronde se sont peut-être mis en marche vers les montagnes de solitude et de préparation à la vie. En vertu d'un rythme que nous ignorons, il y a des époques où le message est apporté et d'autres où les hommes continuent à se débattre dans l'ombre. Ce n'est qu'un peu plus tard que Tsong-Kha-Pa institua le principe qu'à chaque siècle, il y aurait une tentative pour apporter là lumière spirituelle à l'Occident. Le Graal est revenu périodiquement de l'Orient lointain, et chacun a pu le contempler dans la mesure de sa possibilité de voir. Mais le moderne Parzival n'a pas eu à soulever le voile pour montrer le trésor éternel. Il est passé anonymement. Nul ne l'a reconnu, nul ne l'a sollicité.

Le Graal Spirituel

Le véritable Graal n'a pas d'existence matérielle. C'est un secret qui a trait à la mort. C'est un secret qui a trait à la vie éternelle de l'âme. Ce secret fut enseigné par Jésus au moment où ce Maître sentit qu'il allait mourir. Peut-être ne fut-il compris que du seul Joseph d'Arimathie et les hommes simples et purs qui étaient les disciples de Jésus n'ont-ils retenu que l'apparence verbale et négligé le sens profond.

Le secret du Graal est celui de la communication avec l'esprit divin et par conséquent de la délivrance de la terre. Avant Jésus, le Bouddha l'avait découvert solitairement dans sa méditation sous le figuier et il l'avait enseigné sous une autre forme. Bien que ce secret soit d'un ordre tel que, pour qu'il soit accessible, il faut avoir pénétré sur un plan spirituel plus élevé que celui où se meuvent d'ordinaire les hommes, on peut dire que la forme de salut Bouddhique est individuelle, tandis que celle qui fut enseignée par Jésus avait un caractère d'union collective.

Les évangélistes, volontairement ou non, n'ont rapporté que les événements matériels de la vie de Jésus, ils ont laissé de côté toute doctrine. Il n'y a aucun doute que Jésus n'ait donné une explication du monde et enseigné ce qui se passe pour l'homme après la mort. Même au plus bas degré de la simplicité, ce sont de telles explications qu'attendent les auditeurs. Jésus a dû les satisfaire en s'efforçant de conformer ses paroles à la mentalité de ceux qui l'écoutaient. Si simplement qu'il ait parlé, sa doctrine, quand elle dut être rapportée par des nommes bien intentionnés mais ignorants, fut déformée et rendue incompréhensible. Les Evangélistes ont pensé que ce qu'ils pouvaient faire de mieux était de supprimer toute tentative d'explication à ce sujet et de se borner à des récits et des paraboles susceptibles d'émerveiller.

Ils sont hésitants et rapides quand il s'agit de raconter la révélation essentielle de Jésus durant le repas chez Simon. On ne peut prendre leur récit à la lettre d'une façon absolue. Il faut retenir la pensée générale cristallisée dans le mot union, ou communion, ou fusion des âmes et dans la présentation symbolique de la chair et du sang sous l'aspect de pain et de vin.

Jésus avant de mourir, a révélé un mystère de la vie spirituelle. Peut-il en être un plus important, que celui du véritable but de l'homme, celui de sa perfection ? L'idéal du sage n'est pas le bonheur, c'est de devenir plus parfait, d'aspirer à un état d'existence plus élevé ce qui du reste le conduit indirectement au bonheur. Pour atteindre cet état il faut être transformé, né à nouveau, recevoir la vie.

Celui qui a reçu la vie, échappe à la chaîne des vies, au mouvement des renaissances, au piège des incarnations où l'on ne progresse pas à cause de la redoutable loi qui pousse l'homme à s'endormir dans son plaisir et le laisse à l'heure de la mort aussi médiocre qu'à la minute de sa naissance dans la chair.

Mais cela est la difficulté suprême, le passage mystérieux d'un règne à l'autre, si mystérieux que les initiés n'en ont parlé que dans les sanctuaires où ils célébraient les Mystères. Les savants modernes ne croient pas à la possibilité de ce passage. Ils sont à peu près unanimes pour dire que l'homme est le dernier degré de l'évolution des créatures et qu'il est impossible de sonder le futur.

Pour se rapprocher du mystère qui est dans le secret, pour en saisir la nature, on peut se servir d'une analogie.

Il y a quelques années encore, la science cherchait avec passion la génération spontanée. Il s'agissait de savoir si, ayant stérilisé de la matière en vase clos et fait mourir par une température élevée tous les germes vivants qui y étaient contenus, la vie y pouvait prendre naissance d'elle-même. Le problème consistait à savoir si des matières inorganiques et qu'on supposait mortes (elles n'étaient, en réalité, qu'à un degré plus lent de l'existence) pouvaient spontanément devenir organiques, c'est-à-dire extraire de leur propre substance immobile, ce mystérieux jaillissement qu'est la vie mouvante.

Après de nombreuses expériences, il sembla définitivement démontré qu'il n'y avait pas de génération spontanée. Le passage de la pierre à la plante demeurait un mystère. La science pouvait analyser les lois physiques du monde inorganique ; elle pouvait prendre connaissance par la biologie de ce qui était organique et animé. Mais cette science demeurait muette sur la rencontre des deux mondes. Il y avait un point de contact qu'elle ne pouvait déterminer. Il y avait une étrange transformation dont la donnée était rebelle à toute connaissance.

Dans le monde physique la vie ne nait pas d'elle-même. Il faut que le germe de la vie soit apporté pour que la vie se développe. Mais les lois sont partout les mêmes et ont des correspondances d'un monde à l'autre, du physique au spirituel.

Entre le minéral et le végétal il y a une séparation aussi profonde qu'un gouffre et une loi cosmique ignorée veut pourtant inexorablement que ce gouffre soit franchi. Entre l'état humain et un état suivant, il y a un gouffre aussi profond et la loi cosmique qui chemine avec certitude, bien qu'elle soit sans yeux et enveloppée d'un suaire d'ombre, doit se servir du même procédé pour établir le point de contact d'un état à l'autre.

De même qu'il a fallu pour que la matière morte devienne vivante, un apport extérieur du germe de vie, de même pour que l'homme devienne divin il doit recevoir un apport spirituel, être fécondé par un germe d'esprit.

Cette fécondation n'a d'efficacité que si elle s'exerce sur des hommes préparés par un long entraînement, sur des disciples déjà détachés des formes de la vie terrestre. Mais comment elle se pratique, quel secret chemin prend le germe pour descendre dans l'abîme de l'âme, de quelle nature est ce germe, cela est à jamais resté la plus insondable énigme que l'homme ait à déchiffrer.

Les hommes de génie sont ceux qui ont eu, en vertu d'une loi inconnue, une descente partielle de l'esprit. Un rayon d'illumination les a touchés. Jésus a connu le secret de rendre ce rayon d'illumination permanent et de lui faire dépasser la mort. Sentant sa mort proche, il l'a révélé hâtivement, sans doute avec le regret de n'avoir pas autour de lui des disciples assez préparés pour le comprendre. Il a jeté cette semence dans un terrain inculte où elle risquait de ne pas fructifier. L'expérience devait donner raison à cette crainte.

« Nul, s'il ne renait de l'esprit, n'entrera dans le royaume de Dieu, car ce qui est né de la chair est chair.»

La préparation devait se faire par l'abandon de tout ce qui est terrestre, famille, femme, enfants, et le disciple qui avait besoin de dire un dernier adieu aux siens avant de se consacrer à l'ineffable, par cette pensée trop humaine qu'était l'adieu, devenait indigne de l'ineffable. Il fallait ne plus avoir aucune participation avec le monde, renoncer, tendre l'autre joue. Et on devenait «le froment de Dieu», le vrai disciple mûr pour la réalisation de la promesse.

Mais c'est alors que devait intervenir une expérience transcendante. Laquelle exactement ? Il y en a des échos fugitifs dans certaines paroles des Evangiles. «Pour que tous soient un... Ne faire qu'un...» se retrouve fréquemment dans la bouche de Jésus. Et cette expérience menait à un état constant où le cycle des incarnations était terminé et qui était ce qu'il appelle soit le royaume de Dieu, soit la vie éternelle.

Le Bouddha a enseigné avant Jésus un secret analogue. Il a enseigné, avec les quatre vérités, qu'il n'y avait pour l'homme qu'une seule préoccupation importante, à savoir échapper à la douleur terrestre et entrer dans le Nirvana.

Le Nirvana du Bouddha est l'équivalent du royaume de Dieu de Jésus. Mais sur ces séjours transcendants, ni l'un, ni l'autre n'ont donné aucun détail. Ces grands fondateurs de religion sur la parole desquels l'humanité a vécu ont conseillé aux hommes de renoncer à la terre certaine pour participer à un monde qu'ils ne voulaient pas décrire ! Peut-être ne l'ont-ils pas fait parce qu'ils ne le pouvaient pas, ce monde étant indescriptible par des paroles. Peut-être l'ont-ils fait avec de précieux détails, des indications inestimables à des disciples choisis et ces conversations, n'ayant pas été mises par écrit ont été perdues.

Mais les philosophies Indoues et néoplatoniciennes, les mystiques du moyen âge avec leur poursuite idéale du monde divin, permettent à celui qui s'efforce de les comprendre d'entrevoir la lumière qui est derrière la nuée. Il y a une nuée pour chaque école, une nuée pour chaque mystique, mais la lumière est la même.

On peut se représenter par analogie l'état de l'homme dans le Nirvana, ou dans le royaume de Dieu.

Il y a des minutes bien rares chez l'homme ordinaire, où les idées se meuvent plus rapidement, où elles en appellent d'autres, où l'on a dans l'esprit quelque chose comme une fraternité active des idées. Cela peut être produit par la découverte d'un problème, l'accession à une conception artistique dont on avait rêvé sans l'atteindre. C'est une ivresse du savoir, la participation à un domaine plus étendu de la connaissance.

Il y a d'autres minutes, plus fréquentes chez l'homme ordinaire, où l'on éprouve le désir plus affectif que spirituel de se mêler à tous les êtres, d'être étroitement unis à eux. Cette forme d'élan commence par l'amour pour une seule personne, mais prend dans cet amour limité un point d'appui qui lui permet une forme d'amour plus large.

Il y a un ivresse d'amour analogue à l'ivresse du savoir, plus répandue et plus aisée, à cause de la part physique dont elle tire son origine.

Ces deux ivresses donnent un avant-goût de ce que peut être une ivresse supérieure qui participerait à la fois des deux. En imaginant que ce qu'on éprouve dans les plus hauts moments de son existence n'est qu'un reflet imparfait et terne d'une lumière plus éclatante, en multipliant la force de l'aspiration et l'allégresse idéale dans laquelle on nage, on arrive à se représenter l'état extatique, subtil, l'état de don, l'état de réception, l'état de communion, que doit être le Nirvana du Bouddha, le royaume de Dieu de Jésus.

Dans quelle mesure y est-on conduit par la contemplation solitaire et par le détachement absolu ? Y a-t-il une heure de la vie, où, de même que le fruit tombe de l'arbre parce qu'il a atteint un point de maturité, l'âme se détache des choses terrestres et tombe d'elle-même dans le Nirvana ? Mais il y a des fruits qui pourrissent sur l'arbre, en vertu de quelque aveuglement, d'un manque d'audace, d'une béatitude d'immobilité. Pour ces fruits mûrs, comme pour de jeunes fruits avides d'être mûrs avant le temps, le Bouddha et Jésus ont formulé une règle.

Par la suppression du désir que l'homme peut pratiquer solitairement, on accède au Nirvana. Le fruit se détache de lui-même.

La méthode de Jésus est différente. Il secoue l'arbre. Le fruit se détache avant l'heure.

Le secret de cette méthode comportait l'union d'un groupe d'hommes, d'une association mystique dont les membres tiraient leur pouvoir de la substance spirituelle de leur fraternité. Le mystère dont s'entouraient les communautés des premiers chrétiens semble l'attester, si toutefois ces communautés étaient initiées au mystère suprême. Quand ces communautés devinrent l'église chrétienne, et qu'il fallut assumer la tâche d'une formidable organisation ecclésiastique, le secret divin perdit toute valeur, il se changea en sacrements accessibles aux foules, son sens s'altéra et sa compréhension en fut perdue.

On le retrouve au XIIe siècle parmi les Albigeois.

La doctrine des Albigeois tenait à la fois du Bouddhisme et du Christianisme primitif. Le Bouddhisme lui avait été apporté par le Bulgare Nicetas et ses disciples ; le christianisme primitif avait toujours vécu d'une vie secrète, à côté des églises trop chargées d'or, des couvents trop opulents. Les Albigeois unissaient l'involution dans la matière enseigné par le Bouddhisme et la Chute hors du ciel du Christianisme primitif. Pour eux l'homme devait rejoindre l'atman Bouddhiste ou l'ange céleste des Chrétiens, et les deux ne faisaient qu'un. Le monde était un passage ténébreux qu'il fallait franchir, un enfer dont on échappait en devenant un Parfait d'abord, en recevant ensuite le Consolamentum.

Etre parfait n'était qu'un état préparatoire.

C'est par le Consolamentum qu'on recevait le salut.

L'essence du Consolamentum, nous est demeurée cachée. On ne connaît que les formules du rite et Ton sait qu'il comportait une réunion d'hommes purifiés. L'apport spirituel, le germe divin était donné par un Parfait qui le possédait déjà. Il transmettait la vie dont il était le dépositaire. Un baiser était le symbole du don reçu et le baiser circulait entre les croyants qui étaient présents comme le signe visible du courant d'amour qui passait de l'un à l'autre.

Le Consolamentum était le secret de Jésus, l'esprit du Graal.

A un certain degré de hauteur, les grands mystères se rejoignent. Ce qu'on a appelé le secret de la chevalerie, l'amour platonique des chevaliers du moyen-âge a un rapport avec le Graal. Les Troubadours l'ont chanté sans bien le comprendre. Mais quelques uns ont dû connaître le rite mystérieux des amants, rite enseigné depuis des millénaires dans certaines sectes de l'Inde.

La rencontre de deux amours à leur suprême degré de réalisation produit la flamme transcendante par laquelle on est projeté dans la région de l'esprit. La nature a partout les mêmes lois et l'alchimie supérieure trouve des exemples dans les règnes inférieurs. Deux cailloux qu'on heurte produisent une étincelle. De l'effort combiné de deux âmes humaines jaillit le feu. Les amants, par une communion qu'ils doivent découvrir, peuvent réaliser le divin. Dans le Consolamentum Albigeois, c'était le Parfait qui était le transmetteur d'amour par l'amour qu'il tirait des profondeurs de son être. L'approche des lèvres était la communion des souffles, symbolisait la réalisation.

Que cette réalisation fût accomplie par l'amour de deux êtres partis de l'amour physique pour arriver à l'amour parfait, ou qu'elle ait eu besoin d'un illuminé, d'un homme ayant le pouvoir d'emmagasiner l'amour et de le transmettre, il est certain qu'elle a été connue et pratiquée pendant le moyen âge.

S'est-elle éteinte avec les persécutions de l'église ou sa transmission a-t-elle été seulement plus secrète ? Dans quelle mesure a-t-elle été connue des Rose Croix, héritiers des Albigeois ? Y a-t-il aujourd'hui en Occident un fils spirituel du Druide Merlin et de l'Albigeois Ramon de Saint-Marti, possesseur de la Parole divine et susceptible, en la faisant résonner, de briser les dures portes des âmes ?

Le Mystère de la Mort Joyeuse

Le Graal fut dans son essence intime une méthode pour arriver à la perfection et par conséquent une méthode pour mourir avec sagesse.

Aucun peuple ne pouvait mieux le comprendre que celui qui avait été élevé par les Druides dans un mépris total de la mort, qui savait par eux combien il est nécessaire de mourir avec aisance et allégresse.

Car c'est notre conception de la mort, le développement de la terreur animale, qui a déformé la doctrine. Elle n'a rien de désespéré et elle peut même être considérée comme la plus haute manifestation de la joie de vivre puisqu'elle permet une prolongation indéfinie de la vie dans des conditions plus parfaites. Le repas chez Simon ne fut pas un repas de désespoir. L'assimilation faite par Jésus du pain et du vin à sa chair et à son sang a un étroit rapport avec la communion du Bouddha dans la nature, parmi les arbres de la forêt, quand il méditait sur le salut des hommes, communion qui doit correspondre à un degré de joie inimaginable.

L'idéal de perfection, la mort considérée comme un simple passage, n'exclut pas la joie terrestre, au contraire. Le détachement est un mode de joie qui permet d'atteindre un état meilleur. Il ne comporte pas seulement une promesse. Le détachement est le premier pas nécessaire et il a en lui-même sa récompense. Un désir peut être abandonné comme un fardeau. Tout dépend de la sincérité de l'abandon. Dans un sens, le détachement est une possession nouvelle. La communion avec les choses et avec les âmes des hommes ne commence que lorsqu'on est détaché. Mais on ne peut dans ce domaine agir comme un homme avide agit dans la vie, dire: donnant, donnant, n'abandonner d'un côté que pour saisir de l'autre.

La possession du monde divin ne s'obtient que par un acte de foi. Il faut d'abord abandonner le monde terrestre pour voir venir à soi le monde divin. L'homme doit faire le premier pas.

De nos jours le sens du Graal s'est effacé, la vraie compréhension de la mort est perdue. Elle inspire la terreur au lieu de faire naître l'espoir. Mais il a fallu très longtemps pour que s'éteigne l'antique esprit Druidique, la sagesse de l'homme en face de la mort.

Toute l'histoire du moyen âge atteste qu'elle y subsistait encore. Il n'y a qu'à songer au désintéressement qui animait les artistes des cathédrales, à la perfection du travail qu'ils atteignaient, au scrupule qui les poussait à rendre parfaites, même les parties que personne ne pouvait voir. Ils s'étaient dépouillés de leur orgueil d'artiste. Ils en avaient fait le sacrifice au divin. Sacrifice léger car tout atteste, notamment le rire splendide de certains visages de pierre au fronton des basiliques, qu'ils étaient des hommes joyeux. De même la sérénité parfaite, l'obéissance à la destinée, que l'on voit dans les traits de leurs saints montre qu'ils devaient avoir dans leur âme ce qu'ils transmettaient à la pierre. Ils devaient se faire de la mort la même idée joyeuse que leurs aïeux, les Gaulois. Ils étaient détachés. Ils avaient fait le sacrifice de leur personnalité au groupe auquel ils appartenaient. Ils trouvaient la vie d'autant plus belle qu'ils pouvaient en sortir plus aisément.

C'est le manque de foi, ou plutôt le manque de connaissance qui a causé le désespoir devant la mort. S'il ne s'agit, comme le dit le Bhagavad-Gita « que de quitter des vêtements usés pour en revêtir de nouveaux » c'est-à-dire passer dans des corps neufs, la mort est un changement de peu d'importance. Et s'il s'agit de quitter un état physique ou tout est poids, limitation et douleur, pour passer à un état de pensée agissante et d'amour vivant, la mort est une chose désirable dont on doit attendre la venue avec impatience.

Quelques indices nous permettent de penser qu'il est arrivé à certains hommes d'utiliser la force d'union qui provient du groupe pour mourir avec sérénité et parvenir à un état supérieur.

On a retrouvé dans une crypte de la montagne noire, non loin de Carcassonne, des squelettes datant de l'époque Albigeoise. « Ils étaient couchés circulairement, les têtes au centre, les pieds à la circonférence, comme les rayons d'une roue parfaite. » Or dans des fouilles récentes faites à l'île Tiviec, le long des côtes de Bretagne on a aussi retrouvé des squelettes dont la disposition avait la forme d'un cercle. Ce cercle était régulier et a fait songer à quelque rite funéraire. Mais on a évalué à cinq mille années l'âge de ces squelettes.

Ceux qui se sont étendus pour mourir dans une solitude secrète, et ont dessiné avec leur corps une figure géométrique de roue, n'ont poursuivi ce but étrange et si inusité au moment de la mort que parce que c'était un rite d'une importance exceptionnelle et dont ils attendaient un résultat sublime.

Si le résultat des fouilles de Tiviec est exact, la connaissance qu'avaient les Albigeois d'une certaine manière de mourir était possédée par des peuples qui vivaient cinq mille ans auparavant et qui étaient peut-être les antiques Atlantes.

Et s'il faut donner un nom à ce secret des sages, à ce secret qui circule vraisemblablement depuis le commencement du monde, celui qui lui convient le mieux est le secret de la mort joyeuse.

A partir du moment où l'on a modifié l'idée qu'on se fait de la mort, on est devenu un homme nouveau. La plus haute sagesse de la vie est de se créer une assez puissante force de communion avec les hommes et avec toutes les créatures qui vivent pour pouvoir en tout lieu et à toute heure se sentir uni à elles. La séparation existe sur la terre à son degré le plus absolu. L'union se réalise avec la perte du corps ou plutôt peut se réaliser par elle si on s'y est préparé. La mort est alors un événement heureux, la sortie de la prison dont parlait Platon, une délivrance. Elle doit être considérée comme un sujet de joie.

Mais la raison de cette joie, chacun doit en faire la découverte. Chacun doit faire naître en lui l'émeraude de sang du Graal intérieur.

LE SECRET DES TAROTS

Les 78 Ossements de la Vérité

L'histoire des origines de la vie nous donne d'étonnants enseignements. On y apprend que la nature, avec une prévoyance aux vues illimitées et un souci manifesté à toutes les secondes, a veillé sur ses créations pour qu'elles soient perpétuées, selon sa volonté primitive.

Ainsi « il y a un rapport évident entre le nombre des œufs pondus et les dangers auxquels ils sont exposés. Les poissons dont les œufs flottent, exposés à d'innombrables ennemis, en produisent beaucoup plus que les autres. La morue en a plus de neuf millions, l'hippoglosse vulgaire, plus de trois cent mille* etc..»

La nature ayant pris des décisions veut qu'elles soient exécutées. Elle a voulu que la morue et l'hippoglosse vulgaire fendent les eaux des mers arctiques, et elle leur a adjoint une faculté exceptionnelle de production d'œufs. Ce qu'elle fait dans le domaine matériel des espèces marines doit avoir une correspondance dans le domaine de ses créations supérieures.

Elle doit protéger avec la même vigilance la germination des œufs spirituels. Pour qu'ils ne soient pas dévorés par leurs ennemis plus innombrables et plus voraces que ceux des morues et des hippoglosses, elle doit employer quelque procédé de survivance.

Il est curieux de constater que malgré l'étonnante différence des domaines sur lesquels le procédé s'exerce, il demeure à peu près le même. Il faut se rappeler l'antique principe : Ce qui est en haut est comme ce qui est en bas.

A mesure que les races se multipliaient sur la terre, elles s'enfonçaient de plus en plus dans la joie de vivre avec les éléments que leur procurait la matière physique, mais il ne fallait pas que la communication avec les mondes supérieurs fût perdue. Il était nécessaire qu'à un moment donné des temps, au milieu des ténèbres où il avait pénétré, l'homme pût rallumer la lampe et retrouver la voie vers la lumière. Or, les paroles

* Louis Vialleton : *L'origine des êtres vivants.*

meurent avec ceux qui en ont entendu les syllabes. Les manuscrits sont aisément détruits et même les signes gravés sur la pierre s'effritent avec le temps.

De quelle incorruptible forme, de quel airain purifié, de quel marbre aux atomes éternels allaient donc se recouvrir les vérités essentielles pour pouvoir être transmises à travers les abîmes de l'ignorance ?

Les premiers initiateurs de l'humanité chargèrent la passion humaine de propager elle-même l'intelligence immortelle qui doit arriver à la fin des âges à détruire cette passion avec le rayon inexorable de son miroir ardent. Ils fabriquèrent un jeu, un jeu avec des images et des chiffres, un jeu qui pouvait divertir les enfants, un jeu où l'homme ordinaire pouvait satisfaire son goût de lucre en s'amusant, où celui qui avait des intuitions pouvait s'exercer à deviner l'avenir, où celui que tourmentait le secret des choses pouvait découvrir la solution des grandes énigmes, les lois de la nature, le mystère de la mort.

Car les lois directrices par lesquelles le monde fut créé, ces lois dont quelques-unes sont connues des hommes, dont les autres sont encore ignorées, ont été encloses dans les Tarots et celui qui en aurait une connaissance approfondie pénétrerait les vérités encore voilées pour la raison humaine.

Pour que la science éternelle flotte comme une bouée à travers les siècles, les premiers sages, ceux dont nous ne connaissons ni le nom, ni l'origine, ni l'apparence extérieure peignirent des images, des images coloriées, en rapport avec les lois des nombres et celles des couleurs, des images représentatives de symboles et ils les lancèrent par le monde, certains que ce qui est attaché au plaisir ne saurait périr.

Et ils ne se trompaient pas. Les signes d'abord peints sur des écorces, l'ont été ensuite sur des lamelles de métal, sur de l'ivoire, sur des parchemins, sur du cuir et plus tard sur de simples cartons. Les couleurs se sont effacées, le fil numéral a été brouillé ; les enlumineurs ont changé selon les époques le forme des choses reproduites et les coutumes des personnages. Une clef fut perdue, une clef d'où devaient découler plusieurs clefs, selon le monde spirituel, passionnel ou physique que l'on interrogeait, clef que beaucoup ont orgueilleusement prétendu retrouver et à qui la persistance de leur ignorance a donné tort. Mais les Tarots ont traversé les persécutions des églises, les destructions systématiques, les procès de sorcellerie ; ils ont bravé la parole de Saûl, l'éternelle fureur juive et chrétienne. « Que les devins et les visionnaires soient punis de mort ! » Les Tarots sont venus jusqu'à nous, transformés, blessés, boiteux, mais avec leur dynamisme secret, leurs signes essentiels.

Ils sont comme un squelette dépouillé par l'avidité et la stupidité des hommes, le squelette de la sagesse perdue. Cette sagesse a existé jadis en tant qu'entité dans la pensée des sages qui en avaient le dépôt. Elle est morte et il n'en reste que les 78 ossements.

La science paléontologique reconstitue en leur entière intégrité des êtres qui ont vécu il y a cent mille ans rien qu'en retrouvant dans un terrain un fragment de talon et une esquille d'os frontal. Avec ces minimes débris elle fait vivre devant nous des plésiosaures à tête de lézard ou des mégathériums édentés. Il appartient aux paléontologues de l'idée de ressusciter la vérité avec les 78 ossements de ses 78 membres peints sur du carton.

Antiquité Fabuleuse des Tarots

Chacun sait ce que sont les Tarots, une réunion de 78 cartes, comprenant deux degrés. Le premier degré est constitué par 22 lames qu'on appelle les arcanes majeurs et le second par 56 lames, les arcanes mineurs. Ces lames sont couvertes de figures qui sont des symboles.

Leur antiquité est immense. Si Court de Gebelin leur a assigné l'âge de la civilisation égyptienne et si, avec Etteila, il en a fait le livre de Thot Hermès, c'est parce qu'à leur époque la pensée de l'Inde et de la Chine étaient encore ignorées et que leurs habitants n'étaient désignés par les missionnaires que des noms généraux de païens ou de gentils. Il est du reste stupéfiant de penser que c'est à peine depuis un siècle que l'on a en Europe la connaissance des Védas — connaissance combien limitée ! — ainsi que des plus anciens monuments de la sagesse humaine.

De même, Eliphas Levi a vu un rapprochement entre le chiffre 22 des arcanes majeurs et celui des 22 lettres de l'alphabet hébraïque. Il a jugé cette correspondance décisive, a assigné une lettre à chaque arcane majeur et a déclaré que les Tarots étaient le livre de la sagesse sacrée des anciens Hébreux. Mais Vaillant, dans son introuvable ouvrage « Histoire vraie des vrais bohémiens » a montré que la racine de chaque mot traduisant chaque symbole des arcanes majeurs se rapprochait autant du sanscrit que de l'hébreu.

Il y a un Tarot indien remontant à la plus haute antiquité et un Tarot chinois que Vaillant a décrit, établi avec les mêmes combinaisons du chiffre sept. Il a l'apparence d'un tableau et il date « des premiers âges de l'empire de Chine, de l'époque de la confection du zodiaque. Il est dans tous les cas antérieurs à Moïse ».

Quel est l'inventeur du premier Tarot ? Y a-t-il eu un inventeur unique ou est-ce l'œuvre d'une collectivité de sages ? L'hypothèse la plus vraisemblable est que le Tarot fut composé par les premiers initiateurs de l'humanité, ceux qui guidèrent les hommes à l'origine des temps et qu'une légende, évidemment sans preuves, fait venir d'une autre planète pour déposer sur la terre les germes de l'esprit.

Les Encyclopédies chinoises placent au commencement de l'organisation de leur pays des personnalités surhumaines qui ont des têtes d'hommes mais ont gardé les corps des serpents primitifs. Le Tarot n'a pas l'antiquité de ces créatures fabuleuses. Mais il a pu être composé par ce Fo-hi qui fait partie des temps historiques, à qui Confucius a attribué l'invention de l'écriture et qui a laissé un livre de divination le Y-king dont nous possédons une traduction, malgré sa formidable vieillesse.

Les Pouranas Indous sont remplis de légendes qui ont trait à de grands êtres doués de pouvoirs spirituels très étendus et qui habitent une ville mystérieuse sur le mont Merou, ou cette Shamballah, cité fantastique, que les voyageurs, dans le désert de Gobi, ont cru entrevoir au bord d'un lac aux mirages surnaturels.

Les Tarots ont pu être l'œuvre de l'initiateur Melchissédec dont il n'est presque venu jusqu'à nous que le nom, mais dont le nom a gardé la puissance.

« Il est le chef de ceux qui vinrent d'autres cieux et sur terre il n'a pas d'ancêtres. Son corps n'est pas né d'une femme. Il a été créé par la volonté de son possesseur, directement*.»

Melchissédec est mentionné dans la Bible comme roi de Salem, identifié à Jérusalem et c'est lui qui pour la première fois fait usage du pain et du vin dans un rite sacerdotal.

On peut rappeler à son sujet un passage des visions d'Anne Catherine Emmerich. Quand il s'agit d'histoires légendaires qui ne s'appuient que sur des données extrêmement vagues, le témoignage de certains visionnaires apporte une authenticité relative sur le plan des faits mais qui devient plus forte à mesure que l'observation s'élève sur le plan de l'intuition.

Anne Catherine Emmerich décrit dans le paysage saisissant d'une Palestine désertique, sous une lumière antérieure aux premières migrations, un homme vêtu de blanc ou plutôt une silhouette d'homme

---

* G. E. Monod Herzen. Article du *Lotus bleu* 1926.

qu'elle reconnaît pour Melchissédec. Il tâte le flanc des montagnes. Il écoute le murmure des eaux souterraines. Il cherche dans les solitudes l'endroit propice à la naissance des sources. Et elle le voit perçant les amas granitiques avec quelque chose de long et de lumineux, un rayon doué du pouvoir de traverser la matière.

On a aussi attribué les Tarots à Enoch qui serait l'auteur de livres antérieurs à Moïse, dont l'un d'eux, « le livre des batailles de l'Eternel », est si antique qu'auprès de lui la Genèse fait figure d'écrit moderne.

La tradition attribue à Enoch une vie de 365 années, chiffre qui fait penser qu'il fut l'inventeur de l'astronomie et du calcul, l'idée de son âge restant liée dans l'esprit des hommes à celle du mouvement de la terre autour du soleil, dont il aurait été le premier à faire le calcul.

La Bible, au sujet de sa mort ne se sert pas du terme qu'elle emploie pour notifier la fin des autres Patriarches, termes qui sont : « Et il mourut ». Elle dit : Dieu le retira à lui. Car Enoch, selon la tradition, ne mourut pas mais disparut. Il en est ainsi pour certains héros légendaires. Nul n'assiste à leur mort. Ce qui veut dire que l'homme qui atteint de son vivant l'esprit divin échappe au phénomène de la mort, la fusion avec l'esprit quand elle est absolue, amenant un anéantissement aussi absolu du corps.

Enoch, arrière grand-père de Noé, annonça le déluge et ce fut peut-être la prescience de ce cataclysme qui le poussa à résumer les connaissances essentielles au développement humain en symboles simples.

Comme tout le monde l'a affirmé en répétant l'affirmation de ses prédécesseurs les Tarots ont pu être l'œuvre de Thot Hermès, le père des Mages, celui sur le nom duquel on a reporté toutes les connaissances de la civilisation Egyptienne et dont Jamblique a pu voir encore à Alexandrie les dix mille livres qui lui sont attribués.

Mais les Tarots ont pu aussi être l'œuvre de plusieurs sages vivant dans des pays éloignés et à des époques diverses. Ces sages, partant des mêmes données premières, c'est-à-dire connaissant les chiffres sur lesquels reposent les lois du monde, ont pu arriver, mathématiquement, aux chiffres 22 et 78 des Tarots et à la même suite d'images symboliques. Ces images, en vertu de la mathématique transcendante des idées, se sont imposées d'elles-mêmes. Il n'existe vraisemblablement qu'une seule combinaison possible, dont le mélange est susceptible d'engendrer toutes les combinaisons de l'esprit.

Et ainsi, en vertu d'une décision de ce centre unique dont nous ne savons rien mais dont nous pouvons de ci de là retrouver les traces de quelques filiations, le livre secret, le livre où sont les lois de la nature est parvenu jusqu'à nous, résultat d'un vaste théorème dont la solution totale ne sera peut-être donnée qu'à la fin des temps terrestres.

La Malédiction Attachée aux Tarots

Ce qui frappe le plus quand on étudie les travaux des hommes savants et consciencieux qui se sont penchés sur les Tarots pour les expliquer, que ces hommes soient positifs ou épris de mystère, c'est un vertige spécial, une sorte d'ivresse très particulière qui est, je crois, propre à l'étude des symboles.

Le symbolisme me paraît lié à un trouble particulier de la faculté de raisonnement qui fait trouver des analogies où il n'y en a pas, jongler avec ces analogies, chercher sans cesse des rapprochements nouveaux, atteindre avec joie l'incompréhensible, s'en repaître et se livrer à une bizarre danse intellectuelle autour de signes mystérieux auxquels on donne toutes sortes de sens, avec d'autant plus d'aisance que l'origine de ces signes est reportée à quelques milliers d'années dans le passé.

On ne voit les hommes s'égarer avec une égale ardeur que lorsqu'il s'agit de généalogies et surtout de généalogies de familles royales. L'esprit entre dans les nobles parentés avec le même amour insensé et se perd joyeusement dans le détail des lignées illustres comme il se perd dans les symboles lointains. Les généalogies et les symboles se touchent par les blasons et causent chez les esprits les plus rassis de curieux transports qui cessent dès qu'ils reviennent à d'autres études.

Les Tarots ont été la cause de divagations aussi nombreuses que leurs multiples figures. Mais peut-être renferment-ils des éléments assez divers, des facettes assez ingénieusement arrangées pour que toutes les imaginations contradictoires qu'ils ont enfantées soient vraies, vues sous un certain angle, car la vérité parfaite de la nature reflète toutes les erreurs et en fait des vérités.

Ce qui frappe encore dans l'étude des Tarots c'est que ce livre révélateur ait pu circuler à travers les siècles dans les couches profondes de l'humanité sans être connu et apprécié de ceux qui se penchaient sur les problèmes de la science et de la métaphysique. Ainsi il y a un secret qui est aux mains des charlatans et des tireuses de cartes et qu'ignorent ceux qui font profession d'être les grandes lumières des hommes ! Ni Platon ni Aristote ne le commentent en Grèce. Ni Virgile ni Cicéron n'en font état. Et cependant le livre aux images miraculeuses circulait à Athènes et à Rome, On pourrait croire en lisant les écrits des sages de l'antiquité que les Tarots étaient inconnus à leur époque. Il n'y a de Tarots ni pour Saint Augustin, ni pour Saint-Thomas d'Aquin. Et on pourrait croire de même en lisant les livres des sages officiels de notre temps, qu'il n'y eut pas de Tarots dans le XIXe siècle en Europe. Ni Spinoza, ni Renan, ni Michelet, ni Bergson n'ont jeté les yeux sur ce livre ou s'ils l'ont fait ils s'en sont détournés avec dédain. Le livre aux images symboliques emprunte pour cheminer une rivière souterraine. Il est objet de sorcellerie. Il n'est manié que par des mains impures de devineresses ou de magiciens taxés de folie et beaucoup, rien que pour avoir touché les hiéroglyphes de carton peint ont été habillés de la cagoule et sont montés sur le bûcher. Il y a là un mystère singulier.

Du reste, ceux qui s'en sont occupés, ceux qui y ont cru, forment une sorte de famille spirituelle, sont marqués d'une prédestination spéciale de malheur. On les a appelés illuminés et souvent insensés. Leurs idées sur la nature et la vie ont été, à peu de choses près, les mêmes. Ils ont des traits semblables comme si en s'inclinant sur une commune énigme ils s'étaient façonnés à la ressemblance du mystère et s'étaient attirés des fatalités spéciales.

C'est d'abord Jérôme Cardan au XVIe siècle. Il était visité par un génie familier qui était le même que celui qui avait assisté son père pendant sa vie, un génie de famille. Ayant acheté un soir un livre d'Apulée, bien qu'il ne sût pas le latin, il se trouva que le lendemain il pouvait le lire couramment, son seul désir de lire Apulée lui ayant donné la connaissance de la langue latine en une nuit. Malgré des dons aussi merveilleux, sa vie fut une longue lutte contre la pauvreté. Il eut un fils qui fut condamné à mort, condamnation qui lui fut annoncée par une petite tache rouge sur un de ses ongles et il se crut obligé de couper une oreille à son second fils, à titre de châtiment, pour ses débauches. Lui-même lui avait donné l'exemple d'une vie dissolue, mais il avoua toutes ses fautes avec une sincérité inouïe dans un livre : *De vita propria* car il attribuait à la confession, quand elle est totale, un pouvoir de purification. Scaliger, qui le considérait comme un des plus grands esprits de son temps l'accusa de s'être laissé mourir de faim pour ne pas faire mentir la prédiction qu'il avait faite du jour de sa mort, grâce à sa science astrologique. Cette accusation est gratuite, car Jérôme Cardan, qui était un grand astrologue, avait vraisemblablement connu par les astres le moment qui lui était, pour mourir, le plus favorable à son développement futur et il en profitait avec prévoyance.

Ce fut Guillaume Postel* qui trouva le rapport du mot Tarot avec Rota et qui eut l'idée de disposer les lames des arcanes majeurs, en forme de roue, la clef de l'interprétation de ces lames étant dans la forme initiale de la disposition. Il connut une extrême misère. Il s'éprit de la langue hébraïque au point de se faire quelque temps rabbin, ce qui ne l'empêcha pas, après s'être échappé d'une prison de l'inquisition, de devenir aumônier d'un hôpital à Venise. Il y connut une extatique, la mère Jeanne qui, prétendit-il, lui communiqua sa substance spirituelle et lui permit de pénétrer dans les mondes supérieurs. Il tenta un moment, au collège de France où il avait une chaire, de prouver que le roi de France Charles IX était un descendant du fils aîné de Noé. Retiré au couvent de Saint-Martin des Champs, l'universalité de ses connaissances l'avait rendu si célèbre qu'il était obligé de parler à ses élèves du haut de la fenêtre d'un premier étage et, quand il se penchait, sa longue barbe d'argent touchait presque la terre.

Il faut noter que la blancheur de cette barbe fut discutée trois siècles plus tard par Eliphas Lévi. Ce savant kabbaliste a prétendu, dans son *Histoire de la magie* que Guillaume Postel, après la mort de la mère Jeanne, avait vu ses rides disparaître, ses cheveux et sa barbe redevenir noirs. Une vie fluidique lui aurait été donnée de l'au-delà par cette disciple avec laquelle il était resté en communion.

Court de Gebelin au XVIIIᵉ siècle redécouvrit les Tarots et tenta de les expliquer dans une des parties de son œuvre immense, « Le monde

---

* Guillaume Postel est auteur entre autres ouvrages de « Absconditcmm a constitutione mundi clavis ».

primitif », qui est demeurée inachevé et dont neuf volumes seulement ont été publiés. Au moment de sa mort sept autres volumes étaient écrits et prêts à paraître. Ils contenaient peut-être des lumières définitives sur le sens des Tarots.

Mais Court de Gebelin, comme tous ceux que les Tarots ont passionné, fut atteint par la pauvreté et fut obligé de lutter contre elle. D'avides créanciers rirent vendre à l'encan ses manuscrits et la fin du monde primitif fut dispersée et perdue entre les mains d'acheteurs ignorants. Il est dit même que ce fut un épicier qui acquit la plus grande partie des lots, sans doute pour envelopper des cornets de sel ou des bouteilles d'huile. Tel fut le sort de la seconde partie du Monde primitif !

Il semble que la science des Tarots porte en elle une puissance improductive, un élément stérilisateur dans le domaine de la vie matérielle. Sans doute est-il écrit que la roue kabbalistique ne peut tourner avec ses éblouissantes images que dans un grenier misérable que ravagent les vents d'hiver. Il y a peut-être une malédiction sur ceux qui veulent soulever le voile de la destinée. Peut-être la parole de Saül ne fut pas prononcée en vain. Les Bohémiens, à qui fut échue la tache de répandre les Tarots sur la terre, sont demeurés un peuple de mendiants.

Les dossiers de l'Inquisition sont remplis des noms de Mages et de Kabbalistes qui ont été emprisonnés, torturés, brûlés pour avoir tourné leurs yeux vers l'avenir, avec la même ardeur que d'autres les tournent vers le passé. Etteila, après Court de Gebelin prétendit retrouver la vraie signification des Tarots ? Il fit commerce de son humble fragment de science. S'il fit exception à la règle et s'il ne fut pas absolument misérable (il faisait payer 30 livres un horoscope et demandait 24 livres pour tirer les cartes) sa vie fut empoisonnée par la présence d'une épouse acariâtre, qu'il comparait à Xantippe, ce qui est une forme du châtiment du destin aussi redoutable que la misère, le visage de la mauvaise épouse étant une matérialisation vivante de la pauvreté morale.

Le Kabbaliste Eliphas Lévi, malgré la vastitude de ses travaux, et bien qu'il prétendît avoir retrouvé la clef unique des Tarots (clef qu'il donne mais qui laisse les portes du mystère aussi inexorablement closes) connut la détresse pendant la fin de sa vie. Il fut obligé de s'expatrier à Elberfeld pour trouver le pain quotidien chez une de ses disciples. Il fut atteint d'une sorte d'éléphantiasis qui le fit mourir immobile sur son fauteuil, entouré du mouvement perpétuel de toutes les magies sacrées et profanes dont il avait scruté les arcanes et dont les formules dansaient silencieusement parmi les manuscrits qui formaient le cercle de son logis.

Ceux qui ont fait métier de promettre aux autres des richesses par le jeu des arcanes majeurs ou mineurs ne furent jamais favorisés de la fortune. Est-ce leur amour de la divination qui les conduisit à négliger les choses matérielles ou est-ce parce que les circonstances les privèrent de ressources qu'ils songèrent à se servir de la divination pour améliorer leur sort ? Les deux hypothèses sont peut-être également vraies parce qu'il y a peut-être une harmonie mystérieuse entre la pauvreté de l'existence quotidienne et un certain pouvoir de divination, que ce pouvoir vienne de la connaissance des Tarots ou d'un don personnel.

Quel est le pourquoi de ce rapport ? Quelle est cette règle des destinées qui voue à une âpre lutte ceux qui tentent de soulever le voile que la nature à étendu sur la loi des causes et des effets. La règle existe et des exceptions, comme celle de Swedenborg qui fut un savant riche et estimé, ne font que la confirmer.

L'explication la plus naturelle est que ceux qui sont saisis par une passion — et la passion de déchiffrer l'avenir et de connaître au-delà des bornes normales est la plus puissante de toutes — négligent les choses ordinaires de la vie, les démarches indispensables, les rites par lesquels on garde la place conquise, et voient rapidement à cause de cette négligence se détruire d'eux-mêmes les avantages, les situations, les bonheurs.

Mais il y a autre chose. Cette organisation mystérieuse qui, lorsqu'elle a fait croître des espèces animales a, dans le même temps, développé les végétaux pour les nourrir, qui établit dans la nature des proportions que les lois scientifiques de l'évolution n'expliquent pas, cette immense prévoyance occulte a peut-être fixé un temps pour la diffusion de certaines connaissances humaines. Rien n'est plus frappant que le fait que lorsque des sauterelles et des rats pullulent, cette expansion est brusquement arrêtée par une épidémie qui naît de l'excès du pullulement. La loi de la nature ne veut pas certaines choses. Si elle agit sur les sauterelles et les rats elle doit agir sur l'intelligence humaine et agir avec d'autant plus d'attention qu'il s'agit d'une hiérarchie plus élevée. Cette action s'exerce avec une totale absence de bonté, au sens humain du mot. L'épidémie des sauterelles, pour l'homme qui veut percer certains mystères dont le plan cosmique n'a prévu la révélation que pour plus tard, a sa transposition en misère matérielle, en maladies, parfois en folie.

Non seulement il n'y a aucune récompense pour le chercheur désintéressé, aucune récompense humaine car il est toujours en butte à la risée et au mépris, mais il y a un danger, un danger insaisissable, auquel on se refuse à croire parce qu'il est contraire à la normale raison, un danger qui vient de ces puissances mystérieuses toujours présentes autour de nous, et d'autant plus redoutables qu'elles nous sont chères parce que nous faisons partie d'elles.

L'Arche du Temple de Salomon

Deux peuples ont usé de la divination comme moyen essentiel de leur existence. Deux peuples ont été condamnés à errer par le monde, dépouillés du territoire où Ton sème et où Ton récolte les moyens de la vie. Ce sont les Juifs et les Bohémiens. La cause de cette misère primordiale vient-elle de ce que ces peuples ont transgressé une loi humaine, déchiré un voile divin ? Y a-t-il dans l'immense enchevêtrement des causes et des effets un jeu de retour qui frappe de misère et de mal la collectivité qui se sert de la divination pour augmenter sa puissance matérielle ?

Comment expliquer le rapport de l'un à l'autre ? La science des causes et des effets, que ce soit dans l'histoire des nations ou celle des hommes, est totalement inconnue et ce qu'on appelle les répercussions ne sont jamais suivies bien loin par ceux qui s'y appliquent. A peine si chacun, pour sa loi personnelle, discerne, et avec combien de difficultés, le mystérieux chemin tracé dans sa vie, de la cause à l'effet. On ne peut donc que se poser le problème sans le résoudre.

L'arche d'alliance des juifs était sacrée parce qu'outre les Tables de la loi et la baguette magique d'Aaron elle contenait le moyen de voir l'avenir. Cette arche, longue de deux toises et demie était en bois d'acacia, recouvert à l'intérieur de lames d'or. Sur le couvercle d'or massif étaient sculptés deux Chérubins, ou sphinx à corps de taureaux et à ailes d'aigles dont les faces étaient tournées l'une vers l'autre. • C'était dans l'emplacement situé entre ces deux visages que les Israélites attendaient la matérialisation de l'esprit divin quand ils consultaient l'avenir. L'esprit descendait comme une lumière sur les Theraphim. Les Theraphim étaient des figures sculptées en ivoire ou en pierres précieuses. Ils représentaient des personnages, des emblèmes, des symboles d'astres ou d'éléments. On les disposait sur un carré magique, appelé l'Ephod, entre deux signes en onyx, l'Urim et le Thumim qui avaient le sens de oui et de non et le grand prêtre tirait des déductions de la disposition des Theraphim. Mais le secret résidait dans la manière de se servir de ces objets et il n'était connu que des grands prêtres.

Au moment de la prise de Jérusalem par Nabuchodonosor, Jérémie emporta l'Arche et la cacha dans la montagne de Pisga. Une tradition dit qu'il ne put retrouver ensuite la grotte où il l'avait déposée. L'Arche revint pourtant dans le Tabernacle du Temple et il se dégageait d'elle, dit la tradition, comme une auréole de sainteté. Elle contenait une force magique qui tua un certain Osa, lorsqu'il porta la main sur elle. Et si la légende dit que David dansa devant l'Arche c'est parce qu'une puissance spirituelle était contenue dans les lamelles de son or, puissance qui se communique aux initiés par le jeu rituel de la danse. Le christianisme a gardé dans certains cas le rite de la danse. Savonarole faisait danser dans les bois, aux moines de sa communauté, des danses mystiques accompagnées de chants dont ses contemporains trouvaient les termes incompréhensibles.

Quand les Romains de Titus détruisirent le temple, l'Arche fut sauvée par les prêtres et les Romains avides ne trouvèrent qu'une grossière imitation, derrière le voile de pourpre et d'hyacinthe.

Que devint alors l'arche sacrée ? Il n'y a plus à son sujet qu'une confuse légende. L'Arche fut sauvée par la famille des Hillel qui la transportèrent à Alexandrie. Lorsque le quartier juif de cette ville fut pillé par ordre de l'évêque Cyrille, les Hillel et quelques fidèles emportèrent l'Arche et s'enfoncèrent avec elle dans les déserts qui sont au sud de la Thébaïde. Une tribu pillarde massacra les Hillel et s'empara de ce qu'ils possédaient. La race juive avait perdu l'héritage de Moïse. Trois siècles après, Mahomet envoyait au Caire Abou Bekr le véridique, pour acheter au marchand d'un bazar des objets précieux qu'il tenait des conducteurs d'une caravane du sud. Comment Mahomet avait-il su la présence de l'Arche dans un bazar du Caire. Il ne faut pas oublier que Mahomet s'occupait de magie. En possession du talisman, les Arabes ne lui demandèrent pas la divination mais la puissance de vaincre leurs ennemis. Okba et Abderame les conquérants, traversèrent toute l'Afrique du Nord, s'emparèrent de l'Espagne et passèrent les Pyrénées parce qu'ils possédaient la force ineffable cachée dans l'or aveugle par un enchantement millénaire et que par le moyen de leur foi ils communiquaient avec cette force.

Comment le talisman leur échappa-t-il et quelles mains s'en emparèrent, la légende s'arrête là*. On peut supposer que l'Arche fut cachée dans tous les châteaux et forteresses où s'installèrent les Arabes.

Mais l'Arche contenait une méthode de divination qui fut transmise oralement parmi les familles juives errantes par le monde. La manière de disposer les Theraphim sur l'Ephod, les Theraphim qui n'étaient autres que les Tarots juifs, arriva en Provence et fut révélée au XVIᵉ siècle au médecin astrologue Nostradamus.

Nostradamus était d'une famille juive et ce fut en utilisant ses connaissances astrologiques et en établissant les rapports des astres avec les Tarots kabbalistiques qu'il put faire ses célèbres prophéties. Son histoire a été souvent traitée et je ne la rapporterai pas ici.

Ce qu'il faut retenir de lui c'est la haute sagesse qu'il avait atteint. Normalement, il aurait dû être brûlé. Il fut, au contraire, honoré des rois et même de l'Eglise. Il fut l'hôte de mainte abbaye dont il compulsa les bibliothèques. Catherine de Médicis le fit appeler à la cour et Charles IX, alla lui rendre visite à Salon. Il avait eu la prudence de se convertir au christianisme, presque dans le même temps où Guillaume Postel avait la folie de vouloir devenir rabbin.

Ce qu'il faut retenir surtout c'est qu'il détruisit les documents de divination qu'il possédait. Sans doute mesura-t-il le danger qu'ils représentaient pour tout homme qui n'avait pas atteint son degré de connaissance supérieure.

Nostradamus avait un fils, astrologue comme lui. Il lui écrivit la détermination qu'il avait prise de ne pas lui transmettre cet inestimable héritage. L'histoire relate et reproduit la lettre sans dire comment elle

---

* L'auteur ayant rapporté cette légende dans un livre antérieur eut un jour la visite de quelqu'un qu'il ne connaissait pas. Cette personne lui assura tenir d'une personne à laquelle elle donnait le titre de « haut initié » la confirmation de cette légende. Le haut initié aurait assuré que le talisman n'avait pas quitté la France et que la victoire de 1914 n'était due qu'à ce qu'il était encore caché aux environs de Lyon ! Cela est du domaine du merveilleux. Mais peut-être s'agissait-il d'un talisman spirituel, absolument privé de forme et qui repose un peu partout aux environs de toutes les villes de France.

fut accueillie.

Ce fils avait un goût si grand des prédictions que, se trouvant à Le Pouzin, ville fortifiée dans le Vivarais, quand les troupes royales en firent le siège, il annonça au petit bonheur que les assiégeants incendieraient la ville, quand ils- la prendraient. Les assiégeants entrèrent dans Le Pouzin sans y mettre le feu. L'astrologue tenta d'allumer lui-même l'incendie. On le surprit au moment où il voulait obliger la destinée à se conformer à ses vues imprudentes et on le mit à mort.

Avec Nostradamus disparurent les dernières traces des Theraphim astrologiques que Moïse avait maniés sur l'or de l'Arche, entre les Chérubins aux corps de taureaux.

La Mission des Bohémiens

Entre tous les noms qu'ils ont reçus, les Bohémiens ont été appelés Mohani du nom de la déesse de la misère dans l'Inde. C'est celui qui leur convient le mieux.

Les Bohémiens n'ont pas quitté les couches profondes de la terre. Il y a une mission des bohémiens que n'a pas traitée M. Saint-Yves d'Alveydre*, auteur de tant de « missions ». La mission des Bohémiens fut de transporter par le monde, à travers les classes misérables, le livre des Tarots, afin qu'une âme éveillée, mais enchaînée à la pauvreté, ne pouvant participer à la richesse des sciences et des philosophies enfermées dans les bibliothèques, trouvât pourtant un abrégé de connaissances, facile à atteindre et que l'intuition suffisait à éclairer.

Les Bohémiens ont rempli leur mission avec fidélité. Peut-être parce que la caractéristique de ce peuple, déclaré par tous déchu sans preuve ni raison, est d'être fidèle. Ils sont fidèles à leur religion, qu'ils honorent sous un christianisme apparent, à leurs amitiés, à leurs serments, même à leur costume, dont ils se procurent en dépit des temps et des lieux les oripeaux multicolores.

Voici un exemple de cet attachement inusité à la parole donnée.

En 1667 la France avait chargé un certain Pierre Durois d'étudier secrètement les forces militaires de l'empire Allemand. Pour y arriver il se mêla à une troupe de Bohémiens, imita leurs allures et leur langage. Mais comme il était sur le point de rentrer en France il y eut un incendie dans la petite ville de Patok en Hongrie, près de laquelle était campée la troupe dont il faisait partie. On accusa les Bohémiens d'avoir mis volontairement le feu, accusation qui était d'usage, en Europe, quand il y avait une calamité quelconque. Pierre Durois fut soupçonné d'être un espion. Pendant neuf années, ses compagnons furent gardés en prison

---

* Ce faux grand homme se perdit en des divagations sociales qu'il fit tourner autour du mot : synarchie.

et torturés sans qu'un seul consentît à le trahir. Au bout de neuf ans, on les pendit tous mais ils étaient restés fidèles jusqu'à la mort.

Les Bohémiens n'ont pas eu d'avocat pour plaider leur cause, de poète pour magnifier la liberté de leur vie. L'histoire de la race sans patrie, sans éloquence pour exprimer sa misère, sans l'intelligence suffisante qui permet de trouver en soi-même la consolation au mal, sans indignation pour se révolter et mourir, est un des drames les plus douloureux de l'histoire humaine. Pour eux l'injustice n'a pas eu de cesse, elle s'est exercée sans cette pitié dont bénéficient les mendiants ordinaires, et cette injustice dure encore.

« Leurs femmes sont jolies, bien faites et portées à la lubricité » dit naïvement J. A. Vaillant, auteur d'un des rares livres où est prise leur défense. Et il dit aussi en parlant d'eux « vivandiers, espions, pillards, vivant en commun et trafiquant de la virginité de leurs filles ». t Hommes ignorants et vicieux » dit Papus qui a fait un livre sur le Tarot des Bohémiens, Et Grellman, leur principal historien : « Comment serait-il possible que des sentiments nobles et vertueux existassent dans des âmes pétries de bassesse et de vice ». Toutes les fois qu'ils sont mentionnés quelque part c'est avec des termes de flétrissure, par des écrivains qui ne se basent sur aucune étude de cette race, rien, hors la renommée de quelques poulets disparus après le passage de leurs voitures, sur les routes.

Les Bohémiens sont venus de l'Inde. On a longtemps discuté de leur origine, mais la parenté de leur langue et de leurs usages avec des Tzingaris de la côte de Malabar et du sud de l'Inde, montre, sans possibilité de doute, que là fut leur première patrie. Ils existent du reste encore dans le pays des Mahrattes, en tout point semblables à leurs frères de Grenade, en Espagne, moins les simulacres de religion.

C'est quand Timour, le destructeur de villes et de peuples, celui dont la légende dit qu'il naquit, les mains pleines de sang, promena sa fureur dans le Nord de l'Inde, qu'ils se glissèrent en Europe. On ne les voit pas passer. Mais ils se mettent à pulluler soudain un peu partout. Et leur martyre commença dès qu'ils demandèrent accueil aux occidentaux chrétiens.

Ce serait une énumération impossible à faire que de vouloir rappeler les injustices dont ils furent frappés. On ne les parqua pas dans des ghettos. On ne leur accorda même pas le droit de faire du feu, au bord de la route et ce misérable feu de leur nourriture servit quelquefois de prétexte à une accusation d'idolâtrie. S'ils allumaient du feu, le soir, c'était pour l'adorer !

Ce qu'on leur reprocha plus que les vols, ce furent les maléfices. La charge qui les accabla fut invisible, comme la puissance Diabolique. Tous les édits d'expulsion ou de mort édictés par les grands juges des divers pays portent cette raison péremptoire, raison inattaquable pour la sottise des temps. C'est elle qui justifia la haine pieuse attachée à eux. Sur leur passage dit-on, les enfants meurent, les troupeaux dépérissent. Ils laissent une odeur de soufre, un sillage d'enfer. Ils sont les représentants du Diable, d'un Diable en roulotte, familial, avec une marmite du soir, de nombreux enfants, des foulards de couleur, d'un Diable d'autant plus terrible, qu'il a imaginé une caricature de famille haillonneuse.

En Espagne, ils sont assimilés aux Maures et condamnés au bannissement et à la mort par l'exterminatrice Isabelle que les historiens de tous les pays n'ont pas cessé de glorifier et qu'ils ont appelée la grande.

En Allemagne, Maximilien Iᵉʳ décrète que ce n'est pas un délit pour un bon Allemand de tuer un Bohémien. Comme ils découvrent de la poudre d'or dans les rivières et peuvent payer un tribut avec cet or, Marie-Thérèse, reine de Bohème et de Hongrie, la ferme et la magnanime Marie-Thérèse, les tolère dans les Carpathes, par l'effet de sa grande clémence. Mais, sous des peines très sévères, elle leur interdit de parler leur langue sans toutefois leur en apprendre une autre ; et comme ils ne connaissent que la leur, ils sont obligés de s'exprimer par signes comme des muets !

A Utrecht, en 1545, un Bohémien qui n'est pas sorti assez tôt de la ville après l'ordre d'expulsion, est rasé, fouetté jusqu'au sang et il a les deux narines fendues, bizarre et inusité châtiment, relatif à l'odorat, sans doute inventé pour l'occasion, afin de lui épargner les odeurs de cuisine, si cruelles à l'homme errant et affamé !

Dans une petite principauté de l'empire Allemand dont le prince est un grand chasseur on lance une Bohémienne et son enfant dans un bois et on la chasse comme un gibier.

En Castille, un soir, un berger d'un certain embonpoint croise des Bohémiens assis et mangeant à un carrefour. Ceux-ci l'invitent fraternellement à partager ce repas. Il accepte, il mange, il boit, puis il prend congé de ses hôtes et rentre chez lui. Mais il se rappelle que l'un d'eux a dit, pendant le repas, sous couleur de jovialité : « En vérité, voilà un bien gras camarade ». Il court chez le juge. Il n'y a pas de doute ! On a mesuré sa grosseur pour le manger lui-même. On emprisonne les Bohémiens et on les condamne pour intention d'anthropophagie !

Car cette accusation est fréquente. Pour la prouver en 1620* Don Martin de Fajardo, juge à Jarnicejo, prend quelques Bohémiens au hasard dans une troupe, les met à la torture et leur fait avouer ce qu'il veut, notamment un festin fait avec un moine Franciscain qui avait disparu et dont il fallait justifier la disparition.

Il suffit que leur bâton ait certains repliements circulaires du bois pour qu'on y voie la forme d'un thyrse et un témoignage de paganisme. Et le crime le plus familier de ces Strigoï ou vampires est de voler les ombres des passants, ou plutôt les doubles des ombres, chacun ayant à tout instant la preuve qu'il possède toujours son ombre, pour les rouler, les emporter dans leurs voitures et les faire servir à des sortilèges et à des envoûtements.

Quand on lit l'histoire de ce long martyre où l'on ne voit pour les Bohémiens que tortures, gibets ou bûchers, l'on se demande comment il n'y eut jamais dans aucune époque un grand mouvement de pitié, un invincible élan d'indignation, de la part d'un esprit juste et éclairé, en mesure d'agir sur ses contemporains, qu'il fût cardinal, prince ou philosophe. Mais jamais ! Personne ne s'émut ! Personne n'osa crier qu'il n'y avait race si déchue, fut-elle voleuse par nature, aimant la vermine qui la recouvrait, se plaisant à ouvrir les sépulcres pour dépouiller les morts et à se nourrir de charognes, qui ne pût être sauvée par un geste de pitié, par une goutte d'amour. Personne n'a fait le geste, n'a versé la larme lumineuse qui aurait été l'étoile des errants,

Quand on lit l'histoire des Bohémiens dans le livre de l'Allemand

* Vaillant. *Histoire Vraie des vrais Bohémiens.*

Grellmann, on demeure confondu que l'historien qui s'est penché sur cette longue suite de misères et l'a relatée, rapportant les dates des injustices et les lieux où elles se passèrent, non seulement n'a pas eu le plus petit mouvement de protestation, mais encore s'est exclamé sur l'utilité des mesures coercitives, les a trouvées excellentes, issues de la parfaite honnêteté des sociétés, a souhaité des châtiments plus sévères.

Et l'on s'étonne encore qu'une telle misère ait pu être supportée par des cœurs humains, sans qu'ils fussent brisés. On ne peut s'empêcher de repenser à ce Bohémien qui, flagellé de ville en ville, parce qu'il était Bohémien, le corps ravagé et ne formant qu'une plaie, repassa par toutes ces villes de supplice pour revenir à la première où il lui avait été promis qu'il serait brûlé s'il revenait et où il revint en effet afin de réclamer la promesse faite.

Or, au hasard de ses discours, le misérable et insensible Grellmann laisse tomber une explication de cette énigme de la souffrance supportée dans le mépris. Et cette explication donnée avec indifférence, est la suivante : « Le désespoir leur est inconnu ».

Est-ce possible ? Il convient de méditer sur cette affirmation de l'homme consciencieux et borné qui, avec son âme de pierre, a étudié la race errante, ses réactions et ses possibilités.

Ainsi, il y aurait un peuple à qui le désespoir serait inconnu ! Un homme pourrait revenir de ville en ville pour être à nouveau flagellé, connaître un Calvaire qui ne comporte pas d'espoir divin, pour trouver à la fin un bûcher et y monter calmement, au milieu des crachats, avec le sentiment serein de sa propre vilenie. Et il n'y aurait pas de désespoir en lui !

Le peuple ignorant le désespoir serait celui qui n'a jamais fait l'effort de s'attacher à une terre particulière, avec son même climat, sa même odeur, sa semblable végétation, à une maison de pierre ou de bois, avec la régularité de sa forme et la prison de ses murs. Ce peuple qui n'a pas accepté le pacte avec la loi dite divine, serait le peuple possesseur du Tarot, du livre de vie et de mort, le peuple dont les enfants ont la faculté de connaître chaque jour leur rapport personnel avec le mouvement des astres dans le ciel.

Pas de désespoir pour celui qui n'est pas lié ! On peut lui déchirer le corps et il fera un long voyage avec la perspective d'être brûlé vif. En vérité, cela ouvre un vaste horizon à la pensée.

Lorsque j'eus refermé les livres ou est consignée l'histoire de ceux que personne n'a loués, des mécréants qui tournent le baptême en dérision et n'ont soin ni de leur corps, ni de leur âme, je n'ai pu m'empêcher de dire :

— Gloire à ces anticitoyens, à ces hommes qui n'ont pu s'asservir à aucune loi, à ces rebelles nés, à ces magiciens malchanceux, à ces vendeurs de sorcellerie à bon marché. Ils n'ont pas cru à la fertilité de la terre et n'ont pas ensemencé le blé, mais leur face a été tournée chaque soir vers les étoiles et ils en ont reçu des avis et des paroles secrètes. Ils ont peut-être eu tous les vices dont on les a accusés, mais la méchanceté et l'absence de pardon des hommes a dépassé dix mille fois leur capacité de mal, elle a été si grande, si inconcevable, si inhumaine qu'elle a placé autour de leur chevelure de visionnaires couverts de poux, une auréole de malheur qui les illumine à jamais.

Les Entités Astrales et Divinatoires

L'antique tradition veut que le monde ait été créé d'un œuf. On peut comparer le livre aux soixante-dix-huit feuillets à un œuf spirituel. De même qu'un germe contient toutes les possibilités futures qui se développeront par des puissances terrestres et solaires combinées, ainsi les Tarots portent dans leurs images toutes les combinaisons possibles de la pensée humaine et divine. Et comme la création matérielle, le monde des causes est dans la pensée, celui qui saura manier le faisceau spirituel des causes connaîtra aussi le monde des effets.

Aussi les Tarots furent-ils employés à la divination car, de tous temps les hommes ont été avides de soulever le voile de leur prochain avenir.*

Mais comment la destinée humaine peut-elle se manifester par le moyen de 78 images ? Celui qui consulte les Tarots peut avoir dans certains cas et selon la personne qui manie les Tarots, une prévision sur les événements de sa vie, prévision quelquefois erronée, mais d'autres fois d'une exactitude frappante. Que certaines images sortent lorsqu'un homme les interroge, et que ces images aient un rapport avec ce qui doit lui arriver il y a là un mystère singulier, mais qui est en tout cas indiscutable. Une clairvoyance s'exerce à travers le temps par l'entremise des Tarots.

«Il n'y a pas seulement dans le fait divinatoire, un don subjectif de l'opérateur. Il y a incontestablement une valeur objective de l'opération. Donnez les arcanes à n'importe qui, s'il est capable de concentrer sa pensée de poser une seule question à.la fois, et dites-lui de les étaler sur une table dans un certain ordre donné, ou mieux, faites-le à sa place. Pour peu que vous sachiez lire le tableau qui s'offre, la réponse à la question posée surgira avec une irrésistible force, parfois une clarté de commen-

---

* Les tarots ont été abondamment étudiés de nos jours dans des ouvrages intéressants par Falconnier, Papus, Bourgeat, Oswald Wirth, Georges Muchery, Alta et Maxwell. Falconnier a retrouvé un tarot égyptien, Papus celui des Bohémiens, C. Muchery, un tarot astrologique, Oswald Wirth le tarot des Imagiers du moyen âge inspiré par Stanislas de Guaita.

taires dont vous resterez ébloui.»

Ainsi parle M. Gabriel Trarieux.

D'autre part, le docteur Osty qui promène sur tous les phénomènes d'ordre occulte une inexorable lampe d'observation, tout en reconnaissant que les divinations sont indiscutables, quand les voyants ou voyantes ont un don, déclare «que si les cartes ont un rôle dans la divination, ce rôle n'est certainement pas de fournir directement des connaissances.» D'après lui, les cartes ou les Tarots ne sont que des signes extérieurs, des supports sur lesquels s'appuie la faculté du devin.

De ces deux opinions qui semblent contradictoires quelle est la vraie? Leur contradiction n'est peut-être qu'apparente et vues sous un certain angle, elles se rejoignent.

On doit d'abord se rappeler une phrase suggestive du Zohar.

«Une tradition nous apprend qu'il ne faut raconter ses songes qu'à des personnes dont on est aimé. Ils se réaliseront parce que les amis à qui on les racontera les interpréteront favorablement*!»

Ainsi on ne devrait demander de scruter l'avenir par le moyen des Tarots qu'à un devin dont on est aimé ou tout au moins — car l'amour d'un devin est chose rare — qu'à un devin avec lequel on a établi quelques liens de sympathie.

La sympathie est l'invisible atmosphère dans laquelle se manifestera le mieux le phénomène d'apparence étrange — parce qu'il est mal connu — et d'ordre évocatoire, qui se produit lorsque l'on veut faire parler le langage silencieux des Tarots.

Lire les Tarots est une sorte d'évocation. En réalité celui qui voudrait les lire consciencieusement devrait s'y être préparé par des heures de méditation, une nourriture faite d'aliments purs, et une chasteté totale, car ce n'est que dans ces conditions que l'être humain se dépouille de ses grossières émanations et se rend à même de communiquer avec des forces ou des êtres d'un autre plan.

Communiquer! Là est le grand problème. Il n'est pas douteux que l'univers est peuplé de vies diverses, et de créatures invisibles, que ces créatures aient des formes ou n'en aient pas. Ce qui nous rend la concep-

---

* *Zohar*, t. II (1. 200).

tion de ces créatures invraisemblables, c'est que nous nous les représentons toujours avec des têtes et des torses, semblables aux nôtres. Mais on peut imaginer des êtres vivants dépourvus de formes sensibles, répandus comme des ondes, vibrant comme des courants et ayant une existence propre, avec un mode de conscience différent du nôtre.

Mais ces entités sont pour nous inexistantes tant que nous n'avons pas la possibilité de communiquer avec elles. Les Tarots sont peut-être un moyen de communication.

De toute façon, ces entités ne sont pas omniscientes et elles ne pourront nous faire savoir que ce qu'elles savent elles-mêmes ; si toutefois elles le veulent bien, dans le cas où elles auraient une volonté.

Peut-être la lecture des Tarots, c'est-à-dire le moyen de communiquer, relève-t-il d'une faculté supérieure, cette faculté que M. Paul Le Cour, dans un livre remarquable* a appelée l'Aisthesis.

Grâce à cette faculté, analogue à l'inspiration de l'artiste, à l'état métaphysique du philosophe, l'homme peut se mettre en rapport avec un autre mode de vie, un mode spirituel où on est parmi les causes et où, par conséquent, on peut voir les effets, du moins dans une certaine mesure.

« La connaissance qui descend d'en haut dans l'âme est plus excellente que toutes celles qui peuvent être obtenues par le seul exercice du mental » a dit le sage Proclus.

Une connaissance qui descend d'en haut ! Il n'y a évidemment pas de haut. Mais haut veut dire : monde plus subtil. Si on a accès dans ce monde, on peut participer à ses forces, les manier, les utiliser. Dans ce monde on trouve des entités, qui sont bien des créatures, au sens ordinaire du mot, mais des créatures qui ont subi la loi de leur milieu spirituel. Cette loi est l'expansion. A l'inverse de l'homme, créature condensée en chair et en sang autour d'un axe d'os, ces êtres sont répandus, n'ont pas de forme, ou une forme inaccessible à notre entendement. Et il y a un rapport entre ces sortes de forces psychiques et les Tarots. Les Tarots sont leur langage.

Si l'on se rappelle que la racine du mot Tarot, Tar, veut dire en sanscrit étoile polaire, on comprendra que les Tarots ont un rapport avec les as-

---

* Paul Le Cour : *Le septième sens : l'aisthesis.*

tres dont l'influence détermine les destinées humaines. Les entités du monde spirituel qui s'expriment par les Tarots sont uniquement celles dont la force régit ces destinées. Dans la mesure où le destin de l'homme dépend des astres, les entités peuvent parler parce qu'elles savent. Dans la mesure où, par l'usage de sa liberté, l'homme échappe aux influences du ciel, les entités sont ignorantes et elles se trompent. Toutefois, on ne remarque jamais, je le crois du moins, d'erreur consciente ou volontaire. Elles ne font pas de plaisanterie. Les entités qu'on peut appeler à la fois astrales et divinatoires, sont vraisemblablement privées de conscience ou, si elles en ont une, elles ne l'exercent pas sur le plan humain.

Les Tarots ont donc un caractère magique. Ils permettent à quelqu'un qui s'y est préparé d'être en rapport avec des forces psychiques d'un plan différent du nôtre. Mais la plupart du temps les Tarots consultés ne font aucune réponse divinatoire sensée. C'est que le devin ignorant n'a point tenté d'affiner son âme et a la prétention de vouloir pénétrer, avec son impureté et les difformités de ses désirs, dans le pays subtil de l'incomplète connaissance astrale. Cette absence de préparation est la principale cause du silence fréquent des Tarots.

Mais même lorsque le langage répond, lorsque le devin consulté, ayant passagèrement aboli sa sensibilité et ses facultés de raisonnement, entre en rapport avec les entités d'ordre stellaire, celles-ci ne peuvent dire que ce qui relève de leur pouvoir. Elles savent, par exemple qu'un événement est déterminé inéluctablement et elles l'annoncent. Mais en l'annonçant, elles créent une nouvelle cause, dans l'enchevêtrement des causes et des effets, et cette cause peut changer le caractère inéluctable de l'événement, et permettre à celui qu'il concerne de s'y dérober. Ainsi, les entités astrales, malgré leur choquante et totale indifférence interviennent parfois dans les événements terrestres et troublent l'ordre qu'elles avaient prévu elles-mêmes.

Les Entités Mères

Lorsque Ton veut consulter les Tarots, Ton va, d'ordinaire, chez une dame d'un certain âge, qui habite au fond de la cour, au troisième étage, à droite. Cette dame s'est élevée à la lecture de Papus et de Léon Denis et elle est imbue d'idées spirites. Elle s'efforce tout de suite de conformer ses discours à vos désirs, qu'elle mitigé d'une certaine moralité élémentaire, basée sur les devoirs de famille, moralité qui est celle du spiritisme.

Hélas! ce n'est pas cette dame qu'il faudrait consulter, mais des sages laborieux et chastes, pleins de science et d'intuition. Il est bien dommage que les Tarots soient entachés d'une certaine déconsidération et que ce ne soit pas Einstein, l'astronome Jeans ou le mathématicien Eddington qui se penchent sur leur énigme.

Les initiateurs de l'homme, ceux dont l'intelligence a brillé dans la nuit des temps, après avoir lancé les germes de la pensée, ont sans doute déposé dans les Tarots une forme de langage permettant de communiquer avec des entités infiniment supérieures aux entités divinatoires dont nous venons de parler.

Ces entités, que l'on peut aussi appeler des Dieux, quelles sont-elles?

Tout est hiérarchie dans le monde et il y a une superposition de forces et de pouvoirs qui s'échelonnent à l'infini. Les idées créatrices, les lois primordiales, sont peut-être des êtres répandus dans les systèmes solaires, êtres si vastes que les entités de nos planètes leur apparaissent comme des entités enfants douées de minuscules rayonnements. Pourquoi l'homme n'aurait-il pas un moyen d'avoir le reflet de ces idées mères, le raccourci de ces lois génératrices?

Si une fourmi, en transportant avec méthode des grains sur une surface plane, dessinait une ligne droite, puis un angle, puis un triangle, puis une circonférence, elle arriverait malgré sa petitesse à correspondre avec un Dieu humain qui, s'il n'est ni très puissant, ni très intelligent par rapport à ses propres immensités, a tout de même assez de pouvoir pour faire à son gré le bonheur ou le malheur du monde fourmi. De toute façon, cette fourmi mathématicienne créerait une instructive correspondance avec un univers différent du sien, elle apprendrait l'existence de géants cosmiques et cela lui permettrait de découvrir des aperçus nouveaux sur son destin d'insecte.

De même pour nous. Les figures géométriques de la fourmi sont les Tarots. Par eux, nous pourrions avoir, non de misérables prévisions sur nos voyages, nos unions avec des épouses, ou les accidents d'auto auxquels nous sommes exposés, mais la connaissance des lois essentielles du monde et surtout la direction que nous devons donner à notre être intérieur, à notre véritable moi, ce qui est la seule chose importante.

Le secret capital est enfermé dans les Tarots, le secret qui permet de sortir du cercle de la terre où l'âme est volontairement enfermée. Mais ne peut l'y lire que celui qui n'est pas aveuglé par l'idée du présent ou de l'avenir immédiat qui n'est que du présent en préparation.

Derrière les images à l'aide desquelles les intuitifs annoncent, à ceux qui les consultent, les événements de leur vie terrestre, se trouve une géométrie transcendante des idées par laquelle des philosophes inspirés nous enseigneront un jour, les opérations spirituelles par le moyen desquelles il nous sera possible d'atteindre les régions supérieures de l'esprit.

La porte de la mort n'y mène que dans certaines conditions très difficiles à remplir. Quand cette porte est franchie, une fois que toutes les conditions connues ont été accomplies, qui sait si l'on ne s'aperçoit pas avec horreur qu'on a oublié un point essentiel, une méthode de direction propre à l'au-delà, sans laquelle on demeure dans l'incertitude et les ténèbres ! Et peut-être alors alors faut-il s'élancer à nouveau dans le cycle des formes, obéir à l'obscène attraction de la naissance, pour venir apprendre le secret imprudemment négligé !

Il y a un langage qui permet d'accéder directement au pur royaume des idées, là où tout est ordre et beauté, intelligence, calme et communion avec les modèles divins. Et celui qui connait cet alphabet sacré entre directement dans ce royaume de l'harmonie car on n'y pénètre pas par une porte, mais par une réaction de l'esprit.

Là, ce qui était caché, se révèle. On y contemple le double spirituel du

Parthénon et, sous la barbarie apparente des temples indous, derrière les trompes d'éléphant des Dieux Ganesa, entre les oreilles flottantes des Dieux Krishna, on voit les subtilités métaphysiques au sens éternel. Là s'harmonisent les contradictions. Le portique grec est en même temps un cloître chrétien et Platon s'y entretien avec Sankaracharya. Les nombres de Pythagore sont exactement ceux des clous que Jacob Boehme enfonçait dans des semelles, quand il était cordonnier. Les verres de lunettes polis par Spinoza sont de la même qualité que ceux à travers lesquels Ptolémée regardait le ciel. Les formes de Michel Ange vibrent comme des musiques et les sonates de Beethoven deviennent des statues. Les paysages peuvent être entendus aussi bien que vus et l'amour ambiant est aspiré par le jeu de la respiration. C'est le royaume des entités mères, le plérome des intelligences, la circonférence où cheminent sans fin les élus. Et ces élus ne sont pas ceux qui ont reçu une grâce divine, mais ceux qui se sont donnés volontairement cette grâce.

* * *

Il faudrait un volume entier pour expliquer une par une les images du Tarot. Je me contenterai d'indiquer que l'idée primordiale de libération de l'âme humaine est dans la 21e lame, celle qu'on désigne comme la plus importante parce qu'elle termine le troisième groupe de lames des arcanes majeurs.

Elle a été expliquée par M. Maxwell, qui a contredit sur ce point d'autres doctes écrivains, tels qu'Eliphas Lévi.

Cette 21e lame représente une jeune fille nue, l'âme humaine, qui ne touche plus la terre que de la pointe de son pied gauche et s'élance vers le ciel.

Elle est entourée, aux quatre coins de la figure, par les quatre créatures symboliques, le lion, le taureau, l'aigle et l'homme. Mais ici l'homme est remplacé par un ange. C'est le symbole du changement opéré par l'âme, quittant le règne humain pour entrer dans le mystérieux règne suivant—que l'image d'un enfant ailé et joufflu symbolise bien imparfaitement—et qui est le règne de l'homme délivré de la matière.

LE SECRET DU BOUDDHA ET CELUI DE JESUS

Il appartient à l'homme ordinaire d'aller plus loin que les promesses de ses Dieux. Les promesses divines sont insuffisantes soit qu'elles aient été vagues ou mal formulées, soit qu'elles ne soient parvenues à nous qu'à travers les transformations de disciples bornés.

C'est une étroite conception de morale qui voile toujours les enseignements des grands prophètes. Les disciples ne rêvent que de titres d'évêques, d'honneurs pontificaux. Pour être dignes de ces honneurs ils se conforment à la morale du vulgaire, et ils rabaissent les instructions magnifiquement destructrices des illuminés qui ont vu et qui ont parlé avec la formidable liberté que seule donne la solitude du génie sur les hauts plateaux de l'esprit.

Le Nirvana du Bouddha est éclairé par une lumière grise où l'on n'est pas sûr que luira la lampe de la conscience, cette lampe où l'on a versé l'huile avec tant de soin et de peine, dont on a vu la clarté défaillir à tous les vents. Le Nirvana n'est-il pas une sérénité analogue à celle du sommeil ? Mon Dieu ! garde-nous d'un état trop paisible où il n'y aurait plus de place pour la pitié !

Le royaume de Dieu de Jésus n'offre pas plus de certitude. Venez chez mon père, n'a-t-il cessé de dire. Lorsqu'un ami, vous fait une telle invitation dans la vie quotidienne, on ne peut s'empêcher de se représenter un père sévère, susceptible sur les relations que peut avoir son fils et une maison où l'on sera pénétré par une atmosphère d'austérité. Le fils qui aimait à boire du vin et à voir répandre des parfums précieux sur ses pieds, cessera d'être un fraternel compagnon dans la présence du Père trop grave. Ah ! que n'a-t-il une libre et petite maison personnelle où les invités pourraient garder toute l'aisance de l'amitié !

Y a-t-il un secret plus haut que celui qu'ont transmis les êtres divins ? Les Druides l'ont-ils connu, a-t-il traversé le monde sous le symbole de l'émeraude du Graal, est-il dans les figures des Tarots ? Et ce secret est-il le salut de l'homme ?

Faire son salut ! Quelle puissante et évocatrice parole i Je n'ai jamais pu la dire sans un frémissement. Mais où est la voie de ce salut ? Comme ils sont heureux et marqués du signe des élus ceux qui n'y pensent jamais ! Ou plutôt non, quel misérable troupeau d'esclaves aveugles uniquement occupés de leur nourriture et de leur sexe !

Le salut est quelque part, il faut le trouver, en courant ça et là, partout où il y a des créatures ou des choses susceptibles de faire naître des intuitions, l'arracher avec effort des profondes racines de son âme. Et il ne faut pas se laisser tromper par celui qui vous dit hypocritement qu'en étant bon époux, bon père, bon citoyen, bon fils, que sais-je ? bon sous toutes les formes imaginables, on fait normalement son salut et on va s'asseoir à côté des dieux, des dieux entourés sans doute d'enfants, de pères, d'épouses, tous aussi parfaitement bons.

La moralité ordinaire est un piège. C'est le sou unique que l'avare donne chaque année à un pauvre, pour se dispenser d'action charitable. Qui sait même si cet altruisme quotidien, tant recommandé par toutes les règles des religions et des philosophies n'est pas la grande tentation imposée par ces deux déesses sœurs, ces deux déesses bien aimées qui n'ont pas d'yeux et presque pas de visage, l'ignorance et la stupidité ?

Le salut dépasse la conception Bouddhiste du Nirvana et le royaume de Dieu de Jésus. Il est plus loin que ces immenses horizons et si près de nous qu'on peut le toucher avec la main. Il ne consiste pas seulement dans le détachement de la vie terrestre comme l'ont dit le Bouddha et Jésus. Car, qu'on le veuille ou non, la conclusion de leur sagesse est qu'on doit aller s'asseoir dans la forêt sous un arbre, comme un ascète, ou tourner entre les piliers d'un cloître, comme un moine, en rejetant la vie avec ses danses, ses actes de génération et ses ivresses joyeuses.

Le salut est dans l'amour de la vie, mais d'une vie plus haute et plus belle que celle qui est à notre portée sur l'étendue circulaire de cette planète d'eau et de granit. Il faut à la fois aimer la vie et rejeter la vie, participer à l'essence et se dépouiller de l'écorce. Il faut sortir de ce monde trop lourd et en conquérir un plus léger.

Mais comment faire ? Quel est le fil conducteur ? Il y a dans l'émotion que nous donne la beauté, quelque chose dont la profondeur n'a jamais été mesurée-Perfection d'une statue, d'une musique ou cet éclair indéfini que font entrevoir les arrangements de mots d'un poème ! C'est dans le sentiment de la beauté que la conscience et la béatitude se rejoignent, c'est-à-dire les états supérieurs auxquels nous puissions prétendre, états qui ont l'air de se contredire et s'harmonisent à une certaine hauteur. Ni le Bouddha, ni Jésus n'ont parlé de la beauté et le poète Platon voulait exiler les poètes de sa république. Alors ? Comme il est difficile de s'accorder avec ses maîtres et quelle audace il faut pour les accuser d'erreur ou d'oubli !

Non, il n'est pas possible que l'homme soit jeté dans une matrice insensible, pour s'y débattre, y rêver de justice et disparaître sans raison. Il a des aides quelque part, seulement il ne sait pas le moyen de les appeler. Quand il a pénétré dans le cercle de la manifestation vivante, des formes diverses nourries de soleil et de ténèbres, il a reçu un talisman pour lui permettre de sortir de ce cercle. Mais, il l'a perdu. Il s'est enfoncé dans un dédale sans fin et il chemine et il crie. Mais le talisman est peut-être à ses pieds.

Il est peut-être dans la coupe d'émeraude du Graal où le sang n'a pas séché, peut-être dans les soixante-dix-huit images peintes, peut-être dans l'angle d'un rayon de soleil reflété par une eau immobile. Peut-être suffit-il de se mettre à genoux ? Peut-être faut-il au contraire rester debout et la tête haute ?

De même que lorsque j'étais enfant — et du reste jusqu'à un âge assez avancé —, je n'arrivais pas à comprendre pourquoi l'étoile polaire est la seule immobile dans le ciel, de même je ne saisis pas ce qu'est exactement le salut et un raisonnement très simple pourrait peut-être me le faire comprendre.

Et je me dis à d'autres minutes qu'il n'est pas nécessaire d'être sauvé. Le salut implique l'idée que certains ne sont pas sauvés et que si l'on ne fait rien, on est perdu. Et si ceux qui ne font rien étaient les plus heureux ? Si c'était à cause de cela que les hommes qui ont su, ou ont été censés savoir, se sont montrés si volontairement ambigus dans leurs paroles.

Et si soi-même on était sauvé et si ceux qu'on aimait ne l'étaient pas ? Si le salut était aussi glacé que la solitude de l'égoïste ?

La voie du salut est pleine de ténèbres, de regrets déchirants, de reproches, exactement comme une liaison avec une jeune femme, quand on a vingt ans. Et elle comporte un piège analogue. Comme on a douté de la créature qu'on aimait on doute de la voie qu'on suit, on a peur qu'elle ne mène nulle part. Et les hommes supérieurs que l'on rencontre vous affermissent dans ce doute, de même que jadis ils disaient que votre bien-aimée vous trompait avec tout le monde.

L'essentiel est de n'accorder jamais aucune foi à la parole des hommes qui sont censés être supérieurs, de ne jamais admettre la possibilité du doute.

Car tout est certitude. Les légendes sont vraies, plus vraies que l'histoire. Ce sont les documents exacts qui travestissent la vérité et les Indous du temps des Védas avaient raison qui ne s'occupaient pas de chronologie et n'avaient confiance que dans le verbe, parce qu'il avait des ailes.

En jetant un regard en arrière sur mes lectures et mes démarches à la poursuite du salut, en examinant le goût du merveilleux qui m'a fait admirer parfois des charlatans et courir après des chimères, maintenant que la certitude est en moi, je me dis que même s'il n'y avait pas eu de secret, même si personne n'avait su, si les Rishis Indous avaient été d'ignorants vieillards des montagnes Himalayennes, si les Druides sous leur barbe de convention ne s'étaient occupés que de cueillir du gui pour en faire des tisanes, si la coupe du Graal avait été vide et vide aussi l'arche aux Théraphim, si tous les prophètes avaient menti, si les magiciens n'avaient été que des illusionnistes et les saints des illusionnés, si Apollonius de Tyane n'avait pas existé, s'il n'y avait pas eu de chevaliers de la Table ronde, pas de Rose croix, pas de frères initiés, je crois qu'il conviendrait tout de même d'honorer les Rishis, les Druides, les Chevaliers de la Table ronde, je crois qu'il faudrait aller méditer à Montségur dans l'Ariège et rechercher Shamballa dans le désert de Gobi; sculpter ou peindre en toute hâte des Théraphims, des Svastika et des sceaux de Salomon.

Car c'est grâce aux mages, aux frères initiés, aux talismans, aux coupes magiques, aux signes symboliques, aux anges ailés, aux enchanteurs barbus, que naît cette ardeur, de nature magique, qui vous fait parvenir un jour dans la région où le ciel n'a plus d'étoiles parce qu'on fait partie de sa lumière et où l'âme est enfin paisible, parce qu'elle a trouvé le salut.

Quelques Livres Relatifs aux Questions Traitées

- Jules César.—*Guerre de Gaule.*
- R. P. Dom X.—*La religion des Gaulois*, Paris, 1727.
- Alexandre Bertrand.—*La religion des Gaulois*, Paris, Leroux, 1897.
- Jean Reynaud.—*L'esprit de la Gaule*, Paris, Fume, 1864.
- Adolphe Pictet.—*Le mystère des Bardes de l'île de Bretagne*, Genève, 1856.
- Ernest Bosc.—*Histoire nationale des Gaulois*, Paris, Didot, 1882.
- Camille Jullian.—*Histoire de la Gaule*, Paris, Hachette.
- Phileas Le Besgue.—*Le Druidisme. Atlantis*, mars 1931.
- A. Maury.—*Histoire des grandes forêts de la Gaule*, Paris, Leleu, 1850.—*Croyances et légendes du moyen âge*, Paris, Champion, 1896.
- De La Villemarqué.—*Myrddhin ou l'enchanteur Merlin*, Didier, 1862.
- A. Chaboseau.—*Histoire de la Bretagne, La bonne idée*, 1926.
- Burnouf.—*Le vase sacré. La haute science*, 1896.
- René Guénon.—*Le roi du monde*, Bosse, 1927.
- Victor Emile Michelet.—*Le secret de la chevalerie*, Bosse, 1928.
- F. Delaunay.—*Moines et Sibylles*, Didier, 74.
- Montalbembert.—*Les moines d'occident*, Lecoftre, 1865.
- A. Vaillant.—*Histoire vraie des vrais Bohémiens*, Paris, Dentu, 1857.
- Grellmann.—*Histoire des Bohémiens*, Paris, 1810.
- Eliphas Levi.—*Dogme et rituel de haute magie*, Paris, Chacornac
- Otto Raen.—*La croisade contre le Graal*, Stock, 1935.
- Papus.—*Le Tarot des Bohémiens*, Durville.—*Le Tarot divinatoire*, Durville.
- Bourgeat.—*Le Tarot*, Paris, Chacornac, 1922.
- Falconnier.—*Les 22 lames du Tarot divinatoire*, Art indépendant, 1896.
- Muchery.—*Le Tarot astrologique*, Edition astrale, 1927.

- Maxwell.—*Le Tarot*, Paris, Alcan, 1933.
- Oswald Wirth.—*Le Tarot des imagiers du Moyen âge*, Nourry, 1927.
- E. Alta.—*Le Tarot égyptien*, Vichy, 1922.